APRESENTAÇÃO

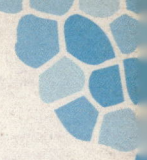

Dom Orlando Brandes, nosso querido Arcebispo, sempre lembra com carinho que o Santuário Nacional de Aparecida é o *Santuário da Palavra*. Também por isso, o tema da Novena e Festa de Nossa Senhora ressoa em nossos ouvidos como um convite: Com Maria, em família, revestir-se da Palavra.

Desde o ano passado a *Família dos Devotos* está sendo convidada a percorrer, por meio da *Jornada Bíblica* do Santuário de Aparecida, um itinerário de fé em busca da vivência e do aprendizado da Palavra de Deus. Agradecemos a todos vocês que nos acompanham na missão de revestir as fachadas do Santuário com os mosaicos bíblicos. O Templo tornou-se uma Família! Somos a Família dos Devotos, cuja missão é cuidar com carinho da *Casa da Mãe*.

Mais do que uma obra-prima da arte sacra, a história de Moisés, estampada na *"Fachada Norte"* da Basílica de Aparecida, nos faz lembrar que o Egito precisa acabar. Queremos ser livres de todas as formas de escravidão que o mundo de hoje nos impõe. Vocacionados como Moisés, devemos viver em constante êxodo: sempre em êxodo missionário. Livres para a Aliança com Deus, nosso objetivo é a Páscoa de Jesus. A dolorosa experiência no deserto não tem o poder de roubar nossa firme esperança de caminhar rumo à terra prometida, sempre na direção da justiça e da paz.

A Palavra de Deus, a bela "fachada" de nossa vida, é útil para ensinar, para argumentar, para corrigir, para educar conforme a justiça (cf. 2Tm 3,16). Nosso principal desafio não é outro senão viver a fé à luz da Palavra! Reunidos para celebrar a Palavra de Deus, queremos revestir nossa família com o projeto de Jesus, a Palavra encarnada que liberta e salva.

Nossos agradecimentos sempre muito especiais aos queridos redentoristas que prepararam a Novena deste ano. Obrigado ao padre Ferdinando Mancílio, que mais uma vez redigiu o texto. Gratidão aos padres José Ulysses da Silva e Domingos Sávio da Silva, que cuidaram da revisão teológica.

A todos vocês, queridos devotos de Nossa Senhora, nosso muito obrigado e a certeza de nossas orações cotidianas. Com os olhos fixos em Maria, *"a melhor e a mais perfeita discípula da Palavra"*, como ensina Dom Orlando, queremos seguir os caminhos de Deus, sempre na companhia de Jesus, como (cf. Lc 24,13-35).

Eduardo Catalfo, C.Ss.R.
or do Santuário Nacional

Bênção do Santíssimo

(Oração Congresso Eucarístico)

— Ó Salvador do Mundo, no deserto, Deus Pai alimentou o povo com o maná e preparou na sua bondade uma mesa para o pobre. Fazei que, neste Congresso Eucarístico Nacional, ao celebrarmos o mistério da Palavra que se fez carne e Pão da vida, vivamos em vós a comunhão e a partilha de nosso pão de cada dia,
— **para que não haja necessitados entre nós.**
— Vós, cheio de compaixão, tomastes o pão, destes graças e o distribuístes à multidão com fome. E, para permanecer entre nós o sacrifício da Nova Aliança,
— **na última ceia, mandastes que o celebrássemos em memória de vós.**
— Concedei-nos que, ao participar do banquete do vosso Corpo e do vosso Sangue e adorando vossa presença na Eucaristia,
— **continueis vossa ação, em nós e através de nós, para que haja pão em todas as mesas.**
— À luz do Espírito Santo, pelo qual realizais hoje o memorial da vossa Páscoa na Igreja, façamos a opção evangélica pelos pobres, como consequência da fé que age pela caridade, e saiamos, com a Virgem Maria, proclamando que Deus saciou de bens os famintos,
— **oferecendo a todos vossa vida, pelo anúncio alegre do Evangelho. Amém.**

(Cântico para a bênção)

1. Tão sublime Sacramento, adoremos neste altar, pois o Antigo Testamento deu ao novo seu lugar. Venha a fé por suplemento os sentidos completar!

2. Ao eterno Pai cantemos e a Jesus, o Salvador! Ao Espírito exaltemos, na Trindade eterno amor! Ao Deus uno e trino demos a alegria do louvor! Amém.

— Do céu lhes destes o Pão.
— **Que contém todo o sabor.**
— **Oremos:** Senhor Jesus Cristo, neste admirável Sacramento nos deixastes o memorial de vossa paixão. Dai-nos venerar com tão grande amor o mistério de vosso Corpo e de vosso Sangue; que possamos colher continuamente os frutos da Redenção. Vós que sois Deus com o Pai, na unidade do Espírito Santo.
— **Amém.**

(O Animador reza, enquanto o Celebrante mostra à Comunidade o Santíssimo Sacramento:)
— Deus vos abençoe e vos guarde! Que Ele vos ilumine com a luz de sua face e vos seja favorável! Que Ele vos mostre seu rosto e vos traga a paz! Que Ele vos dê a saúde do corpo e da alma!
— Nosso Senhor Jesus Cristo esteja perto de vós para vos defender; esteja em vosso coração para vos conservar; que Ele seja vosso guia para vos conduzir; que vos acompanhe para vos guardar; olhe por vós e sobre vós derrame sua bênção! Ele, que vive com o Pai, na unidade do Espírito Santo.
— **Amém.**
(Segue-se a bênção com o Santíssimo)

Louvores a Deus

Bendito seja Deus!
Bendito seja seu santo nome!
Bendito seja Jesus Cristo, verdadeiro Deus e verdadeiro Homem!
Bendito seja o nome de Jesus!
Bendito seja seu sacratíssimo Coração!
Bendito seja seu preciosíssimo Sangue!
Bendito seja Jesus no Santíssimo Sacramento do altar!
Bendito seja o Espírito Santo Paráclito!
Bendita seja a grande Mãe de Deus, Maria Santíssima!
Bendita seja sua santa e imaculada Conceição!
Bendita seja sua gloriosa Assunção!
Bendito seja o nome de Maria, Virgem e Mãe!
Bendito seja São José, seu castíssimo esposo!
Bendito seja Deus em seus anjos e em seus santos!

Oração pela Igreja e pela pátria

— Deus e Senhor nosso,
— protegei vossa Igreja,/ dai-lhe santos pastores e dignos ministros./ Derramai vossas bênçãos/ sobre nosso santo Padre, o Papa,/ sobre nosso Arcebispo,/ sobre nosso Pároco e sobre todo o clero;/ sobre o Chefe da Nação e do Estado/ e sobre todas as pessoas/ constituídas em dignidade,/ para que governem com justiça./ Dai ao povo brasileiro/ paz constante/ e prosperidade completa./ Favorecei,/ com os efeitos contínuos de vossa bondade,/ o Brasil,/ este Arcebispado,/ a Paróquia em que habitamos/ e a cada um de nós em particular,/ e a todas as pessoas/ por quem somos obrigados a orar/ ou que se

recomendaram/ às nossas orações./ Tende misericórdia/ das almas dos fiéis/ que padecem no purgatório;/ dai-lhes, Senhor,/ o descanso e a luz eterna.

(Pai-nosso, Ave-Maria, Glória)
— Graças e louvores se deem a cada momento.
— **Ao santíssimo e diviníssimo Sacramento!**

Consagração a Nossa Senhora da Conceição Aparecida

Ó Maria Santíssima, pelos méritos de nosso Senhor Jesus Cristo, em vossa querida imagem de Aparecida, espalhais inúmeros benefícios sobre todo o Brasil.

Eu, embora indigno de pertencer ao número de vossos filhos e filhas, mas cheio do desejo de participar dos benefícios de vossa misericórdia, prostrado a vossos pés: consagro-vos o meu entendimento, para que sempre pense no amor que mereceis; consagro-vos a minha língua, para que sempre vos louve e propague a vossa devoção; consagro-vos o meu coração, para que, depois de Deus, vos ame sobre todas as coisas.

Recebei-me, ó Rainha incomparável, vós que o Cristo crucificado deu-nos por Mãe, no ditoso número de vossos filhos e filhas; acolhei-me debaixo de vossa proteção; socorrei-me em todas as minhas necessidades, espirituais e temporais, sobretudo na hora de minha morte.

Abençoai-me, ó celestial cooperadora, e com vossa poderosa intercessão, fortalecei-me em minha fraqueza, a fim de que, servindo-vos fielmente nesta vida, possa louvar-vos, amar-vos e dar-vos graças no céu, por toda a eternidade. Assim seja!

1º Dia

Com Maria, em Família, revestir-se da Palavra!

ACOLHER
Somos a Família reunida

(Procissão de Entrada)

1. Início orante
P.: Em nome do Pai † e do Filho e do Espírito Santo.
— **Amém!**
P.: Maria, vós que sois a Imaculada Conceição, nós vos saudamos com fervor e gratidão. Maria, estamos reunidos em Família, em Comunidade, como Igreja, da qual sois Mãe bendita. Vós, que cumprindo a vontade divina vos revestistes da bondade e da misericórdia do Senhor, fazei-nos ser uma Família com o mesmo penhor, com o mesmo ardor de fé e de amor.
— **Ave, ó Maria, ó cheia de graça, ó bendita entre todas as mulheres da terra, o Senhor é convosco!**
P.: Em vosso Sim resoluto tornastes vosso seio fecundo, gerando o Salvador da humanidade, o novo Moisés, Jesus, o Messias esperado, realização da nova Páscoa, da Aliança eterna de amor. Vós vos fizestes o mais pleno vazio para vos revestirdes da vontade e da Palavra do Pai.
— **Eis aqui a serva do Senhor. Realize-se em mim sua vontade, sua Palavra!**
P.: Senhora Aparecida, vós fostes apaixonada por Deus, por isso sois a Mulher de todos os tempos, de Nazaré, de Belém, de todos os lugares. São inesquecíveis o dia e a hora em que dissestes: "Eis aqui a serva do Senhor". E o Verbo eterno do Pai tornou-se a Palavra viva, encarnada, presente em nossa história, e vós fostes a primeira a vos revestirdes de sua Palavra libertadora e redentora.
— **Por Maria, o Verbo eterno do Pai fez sua morada em nós!**
P.: Bendita sejais, ó Maria, Mariama de todas as raças e línguas! Como Família e cheios de devoção, dai-nos um coração puro, com os mesmos sentimentos de Jesus. Modelai nosso coração para que seja sempre revestido do verdadeiro amor cristão e assim alcancemos a salvação.
— **Fazei-nos, ó Maria, ser vossa Família, revestida da Palavra de Jesus, vosso Filho. Assim viveremos a mais bela poesia do mais belo Amor, Jesus, nosso Senhor. Amém!**

OUVIR
Como Família ouvimos o Senhor

2. A Palavra nos reveste
P.: O sol que se levanta em cada manhã, esplêndido, ilumina toda

a terra, penetra os prédios, palácios e condomínios, os barracos e os cantos dos moradores de rua, que não podem se revestir de sua justa dignidade.

— Ajudai-nos, ó Mãe, a nos revestir da Palavra libertadora e fugir dos "Egitos" de nossos dias, geradores de morte e escravidão.

L.: A Palavra nos faz sentir-nos mais fortes do que a morte, mais fortes do que a escravidão, pois nos aproxima do Deus da vida, Jesus, o Libertador.

— Como uma chama, que jamais se apaga ao sabor do vento, será nossa fé na Palavra do Senhor!

L.: Maria é nossa fonte de inspiração na vivência da fé e no compromisso com a vida, com o Reino da paz e da justiça. Quem ainda poderá viver, sem ter uma mãe a acalentar os sonhos de uma multidão e de cada coração humano?

— Não há como desprezar aquela que soube amar, sem cessar, a Deus, nosso Senhor!

L.: Juntos de Maria experimentamos tanta generosidade, o coração palpita tão forte, cada dia, que outro jeito não há senão reconhecer em Maria a Senhora da Palavra, a Mãe da vida.

— A vós, ó Mãe, nossa gratidão, pois com vosso jeito humano, divino e sereno nos revestistes da força transformadora e libertadora, Jesus, nosso Senhor. Amém.

(Entrada da Palavra)

3. Maria se reveste da Palavra

P.: Maria, vós sois o sinal e o exemplo de quem acolhe o que é de Deus, pois vos revestistes de seu amor eterno,

— e a Palavra se fez carne e habitou entre nós!

P.: Bem sabemos, ó Maria, que não há maior sabedoria do que acolher, para viver em cada dia, a Palavra da vida e nutrir-se da eternidade em nossa temporalidade.

— Bendito seja a Mãe de meu Senhor, Palavra viva e encarnada em nossa humanidade!

(Entronização e incensação da Imagem. Durante a incensação, silêncio orante. Em seguida, cantam-se os "Louvores a Maria".)

P.: Com Maria, e como Família fiel, entoemos nossos louvores ao Deus da vida, da nova Aliança, que nos chama para nos revestir de seu amor libertador sem-fim.

— Maria, acolhei nosso louvor e gratidão. Amém!

— Ó Senhora e Mãe da humanidade.
Maria, clamamos a vós!
— Ó Senhora dos pobres e oprimidos.
— Ó Senhora e Mãe da Igreja.
Lá no céu, rogai a Deus por nós!

— Revesti-nos de todo o vosso amor.
Maria, clamamos a vós!
— Revesti-nos da graça libertadora.
— Revesti-nos da vida em Cristo.
Lá no céu, rogai a Deus por nós!

— Ó Mãe de Cristo Redentor.
Maria, clamamos a vós!
— Ó Mãe de força invencível.
— Ó Mãe, sois modelo de Evangelho.
Lá no céu, rogai a Deus por nós!

P.: Ó Deus, ao nos dirigirmos a vossa filha predileta, Maria, nós nos encontramos com vosso Filho Jesus. Dai-nos, pois, a graça de nos revestir de seus mesmos sentimentos.
— **Por Cristo, nosso Senhor, nosso Deus Amor e Libertador. Amém!**

4. A Palavra nos ilumina
P.: A Palavra ressoou no coração de Moisés e o fez servidor do Senhor, em uma terra muito distante, lá no Egito,
— **onde havia um povo sofredor por grande opressão, o povo de Israel, o escolhido do Senhor!**
P.: Confiante na Palavra que lhe disse o Senhor: "Eu estarei contigo", Moisés saiu destemido para cumprir, com fidelidade e muita dedicação, o que lhe pedira o Deus da vida.
— **Com Maria caminhemos, como Família unida e fiel, para a terra prometida, onde não haverá mais dor, separação ou escravidão.**

— Cântico à Palavra de Deus
— Anúncio – **Chamado de Moisés** – Êx 3,4-12a

⁴Vendo o Senhor que Moisés se voltava para observar, chamou-o do meio da sarça, dizendo: "Moisés, Moisés!" Respondeu ele: "Eis-me aqui". ⁵Deus lhe disse: "Não te aproximes daqui! Tira as sandálias dos pés, porque o lugar onde estás é uma terra santa". E acrescentou: ⁶"Eu sou o Deus de teu pai: o Deus de Abraão, o Deus de Isaac e o Deus de Jacó". Moisés cobriu o rosto, temendo olhar para Deus. ⁷Javé disse ainda: "Eu vi, eu vi a miséria de meu povo no Egito e ouvi o clamor que lhe arrancam seus opressores; sim, conheço suas aflições. ⁸Desci para libertá-lo das mãos dos egípcios e levá-lo daquela terra para uma terra boa e espaçosa, terra onde corre leite e mel, para o lugar onde habitam o cananeu, o heteu, o amorreu, o ferezeu, o heveu e o jebuseu. ⁹O clamor dos israelitas chegou até mim; e vi também a opressão com que os egípcios os oprimem. ¹⁰Agora, pois, vai! Eu te envio ao faraó para que tires do Egito meu povo, os israelitas". ¹¹Moisés disse a Deus: "Quem sou eu para ir ao faraó e tirar do Egito os israelitas?" ¹²ᵃDeus lhe disse: "Eu estarei contigo".

— Meditação (Pregação, Mensagem)

5. Caridade: Êxodo da vida
L.: Deus manifestou-se a Moisés lá no alto da montanha, na sarça ardente. Deus chamou Moisés para fazer um êxodo libertador, para alcançar o Egito, terra da dor, da ganância e exploração.
— **E Moisés revestiu-se da Palavra, do anseio de Deus, e foi a esperança e libertação do povo oprimido, que só conhecia a dor e a triste opressão.**
L.: O povo ouviu o que Deus em Moisés lhe dizia, que a força da vida é a liberdade, e que a opressão não pode ter lugar em nenhum coração, nem estar presente no meio de seu povo, nos dias de ontem e nos dias de hoje.
— **O Senhor nos chama para o êxodo da vida, buscando a paz e a libertação!**
L.: Em procissão, trazendo um pouco de pão, para hoje matar a fome do irmão, seremos como o povo de Israel que na solidariedade se

livrou da opressão. Agora damos as mãos para viver em comunhão.
— **Obrigado, Senhor, por nos ensinardes a viver em comunhão e ser solidários com os irmãos, repartindo o pão, a vida e os dons. Amém!**

(Procissão da Caridade – Oferta dos Alimentos)

BENDIZER
A Família dialoga com o Senhor

6. Realização da Aliança
L.: Bendito seja o trigo dourado, que não se apegou a sua beleza e permitiu ser triturado, para tornar-se o pão sem fermento, que sacia a fome de vida, de liberdade e libertação. Fazei desmoronar todos os monumentos,
— **do egoísmo, da soberba, do orgulho e do poder, da ambição do ter, não respeitando o que hoje querem impor. Amém!**
L.: Benditas as mãos que se uniram e se fizeram exército para libertar, apoiar, reerguer, despreocupadas se as leis eram favoráveis ou não; mãos benditas do Samaritano que curou as feridas de seu irmão, abandonado até por quem se dizia religioso ao extremo.
— **De mãos samaritanas é que o mundo hoje precisa! Dispensamos as mãos que portam armas ou injustiças!**
L.: É Jesus o Pão da vida, o trigo dourado e triturado para ser nosso alimento de salvação, fazendo-nos um povo unido e forte na esperança de um mundo sem divisão. Ele é a eterna Aliança do amor sem-fim do Pai com a humanidade, e nele alcançamos a eternidade.

— **Vinde, Jesus, nosso Deus Libertador, que nos fazeis firmes na esperança, na união e na comunhão. Amém!**

(Entronização, Exposição e Adoração do Santíssimo)

7. Pão em todas as Mesas
(Oração Congresso Eucarístico – Antes do cântico "Tão Sublime")
— Ó Salvador do Mundo, no deserto, Deus Pai alimentou o povo com o maná e preparou na sua bondade uma mesa para o pobre. Fazei que, neste Congresso Eucarístico Nacional, ao celebrarmos o mistério da Palavra que se fez carne e Pão da vida, vivamos em vós a comunhão e a partilha de nosso pão de cada dia,
— **para que não haja necessitados entre nós.**
— Vós, cheio de compaixão, tomastes o pão, destes graças e o distribuístes à multidão com fome. E, para permanecer entre nós o sacrifício da Nova Aliança,
— **na última ceia, mandastes que o celebrássemos em memória de vós.**
— Concedei-nos que, ao participar do banquete do vosso Corpo e do vosso Sangue e adorando vossa presença na Eucaristia,
— **continueis vossa ação, em nós e por meio de nós, para que haja pão em todas as mesas.**
— À luz do Espírito Santo, pelo qual realizais hoje o memorial de vossa Páscoa na Igreja, façamos a opção evangélica pelos pobres, como consequência da fé que age pela caridade, e saiamos, com a Virgem Maria, proclamando que Deus saciou de bens os famintos,

— oferecendo a todos vossa vida, pelo anúncio alegre do Evangelho. Amém.

Bênção do Santíssimo
(Cântico "Tão Sublime", p. 2)

> **IDE – EVANGELIZAI!**
> *A Família unida evangeliza*

8. Consagrar a vida
P.: Maria, em vosso sim resoluto, resgatastes a nobreza da vida, pois vosso Filho, o Justo e Santo, foi o novo Moisés, que se doou inteiramente pela causa da vida e de nossa salvação.
— **Vós sois a força viva da Palavra em nossa vida, que é vosso Filho!**
P.: Confortai, ó Mãe, aqueles que ainda não foram alcançados nem resgatados, nem puderam ainda experimentar a dádiva da vida e da verdadeira liberdade.
— **Maria, nós nos consagramos a vós, e, como Igreja-Família, ajudai-nos a defender a vida e a dignidade dos empobrecidos e desprezados. Amém!**

(Consagração a Nossa Senhora, p. 4)

9. Oferta das Flores
L.: Caminhamos como o povo de Israel, rumo à Terra prometida, a terra onde correm leite e mel, onde mora a esperança dos que são oprimidos.
— **Trazendo em nossas mãos as flores que não se cansam de dizer sim à vida!**
L.: Como são belos os cravos, as rosas e os jasmins. Tudo criado pela mão de nosso Senhor, que fez resplandecer,
— **nos planaltos e nas planícies, e em cada jardim, a beleza da flor, que é a beleza de Maria!**
L.: Levamos para Nossa Senhora as flores que foram cultivadas em muitos jardins, desejando que cada pétala seja nossa recusa às armas de destruição. Que as rosas desarmem os canhões
— **e possamos fazer acontecer a paz, tão sonhada e desejada. Amém!**

10. Agradecimentos

11. Envio Missionário
P.: Todos nós, que nos unimos neste dia em Cristo e com Maria, sejamos um povo revestido da Palavra. Brilhem sobre a Família dos Devotos a alegria e a esperança, como as estrelas do céu... Que a mão do Senhor pouse suavemente sobre a vida e o coração de vocês e os faça fortes na fé... Procurem a cada dia o rosto do Senhor para que Ele lhes abra os tesouros da sabedoria e os encha de amor transformador... Que a luz do Senhor ilumine a vida de vocês e lhes dê a paz... Que Ele os guarde na palma de sua mão e os abençoe.
— **Amém! Assim seja!**
P.: Vão e anunciem, com fervor e alegria, com amor e compaixão, com a vida e o testemunho, o Evangelho libertador de Cristo, nosso Senhor.
— **Amém! Assim seja!**
P.: A festa da vida continua! Permaneçamos na paz de Jesus e na proteção da Senhora Aparecida.
— **Ó Santa Mãe Aparecida, fazei-nos ser uma Igreja em saída missionária. Amém!**

(Homenagem do povo – Entrega das Flores)

2º Dia

Com Maria, viver a fé, à luz da Palavra!

ACOLHER
Somos a Família reunida

(Procissão de Entrada)

1. Início orante

P: Em nome do Pai † e do Filho e do Espírito Santo.
— **Amém!**
P: Maria, vós que sois a Imaculada Conceição, nós vos saudamos com fervor e gratidão. Maria, estamos reunidos em Família, em Comunidade, como Igreja, da qual sois Mãe bendita. Vós, que cumprindo a vontade divina vos revestistes da bondade e da misericórdia do Senhor, fazei-nos ser uma Família com o mesmo penhor, com o mesmo ardor de fé e de amor.
— **Ave, ó Maria, ó cheia de graça, ó bendita entre todas as mulheres da terra, o Senhor é convosco!**
P: Em vosso Sim resoluto tornastes vosso seio fecundo, gerando o Salvador da humanidade, o novo Moisés, Jesus, o Messias esperado, realização da nova Páscoa, da Aliança eterna de amor. Vós vos fizestes o mais pleno vazio para vos revestirdes da vontade e da Palavra do Pai.
— **Eis aqui a serva do Senhor. Realize-se em mim sua vontade, sua Palavra!**
P: Senhora Aparecida, vós fostes apaixonada por Deus, por isso sois a Mulher de todos os tempos, de Nazaré, de Belém, de todos os lugares. São inesquecíveis o dia e a hora em que dissestes: "Eis aqui a serva do Senhor". E o Verbo eterno do Pai tornou-se a Palavra viva, encarnada, presente em nossa história, e vós fostes a primeira a vos revestirdes de sua Palavra libertadora e redentora.
— **Por Maria, o Verbo eterno do Pai fez sua morada em nós!**
P: Bendita sejais, ó Maria, Mariama de todas as raças e línguas! Como Família e cheios de devoção, dai-nos um coração puro, com os mesmos sentimentos de Jesus. Modelai nosso coração para que seja sempre revestido do verdadeiro amor cristão e assim alcancemos a salvação.
— **Fazei-nos, ó Maria, ser vossa Família, revestida da Palavra de Jesus, vosso Filho, e assim viveremos a mais bela poesia do mais belo Amor, Jesus, nosso Senhor. Amém!**

OUVIR
Como Família ouvimos o Senhor

2. A Palavra nos reveste

P: Maria, vós nos interrogais e nos fazeis pensar, com vosso si-

lêncio, na força transformadora da Palavra,
— pois, muitas vezes, vivemos uma fé acomodada, individualista e intimista!
L.: Reconhecemos, ó Mãe bendita, que somos como o publicano, sempre necessitados da misericórdia divina. Vós nos inspirais, em vossa simplicidade, a colocar Deus em primeiro lugar em nossa vida e a nos revestir cada dia da verdade divina.
— Como Família, revestidos da Palavra, vivamos na alegria e na plena harmonia, que nos vêm do amor do Senhor!
L.: Maria, sois a Senhora da harmonia e da paz, pois Deus encontrou um lugar em vosso coração bendito. E desde Nazaré nos ensinais que é preciso viver a fé com simplicidade e fidelidade. Quando Deus mora em nós, bem sabemos, nossa Família torna-se a Casa da Paz, o Santuário da vida.
— Quando Deus mora em nós, ó Maria, podemos ser diferentes, mas não perdemos a harmonia em nossa Família!
L.: Ó Família de Nazaré, que vivestes a fé sem medida e nos mostrastes como é insubstituível o amor do Senhor entre nós, fazei-nos ter um coração simples, pobre e necessitado, mas sempre plenificado do amor divino, dinamizador e transformador.
— A vós, ó Maria e José, confiamos nossa Família, para viver com alegria a união e a harmonia, junto de Jesus, o Senhor de Nazaré. Amém!

(Entrada da Palavra)

3. Maria se reveste da Palavra
P.: Quem poderá suportar ou vencer as agruras desta vida, ó Maria, sem levantar os olhos para o céu e para ele estender as mãos e o coração, suplicando ajuda, conforto e proteção?
— Do céu é que nos vem toda a esperança de ver um dia tudo se realizar, conforme o desígnio divino!
P.: Maria, vós escutastes e vos revestistes sem reserva alguma da Palavra que ressoa da eternidade para o meio de nossa humanidade.
— Nós também esperamos e desejamos, ó Mãe bendita, realizar em nossa vida o desígnio divino! Amém!

(Entronização e incensação da Imagem. Durante a incensação, silêncio orante. Em seguida, cantam-se os "Louvores a Maria".)

P.: Senhora Aparecida, vós nos inspirais na vivência da fé e da fidelidade cristã na Família, na Comunidade e entre nós. Mas precisamos de vosso auxílio materno,
— por isso vimos ao vosso encontro e vos suplicamos confiantes em vossa intercessão junto de vosso Filho Jesus. Amém.

— Ó Maria, Senhora e nossa Mãe.
Maria, clamamos a vós!
— Revesti-nos de amor e alegria.
— Revesti-nos da força divina.
Lá no céu, rogai a Deus por nós!

— Ó Virgem de amor inefável.
Maria, clamamos a vós!
— Revesti-nos de fé e de esperança.

— Revesti-nos da verdade de Cristo.
Lá no céu, rogai a Deus por nós!

— Ó Mãe do povo peregrino.
Maria, clamamos a vós!
— Guiai-nos no caminho da paz.
— Fazei-nos fiéis ao Evangelho.
Lá no céu, rogai a Deus por nós!

P.: Como é bom, ó Maria, ouvir em nossas Comunidades o sussurrar do coração dos pobres, que sem reservas acolhem o ensinamento de Cristo. Vós, que sois a pobre Serva do Senhor, guardai-nos em vosso amor e colocai, no mais profundo de nosso ser, o gosto pela Palavra de Cristo, vosso Filho, nosso Senhor.
— É o que desejamos e esperamos, ó Maria, agora e sempre. Amém!

4. A Palavra nos ilumina
P.: Ó Maria, como foi grande a proximidade de vosso Filho com nossa humanidade. Pediu aos Apóstolos que estivessem ligados a Ele, como os ramos ao tronco da videira.
— Permanecei em mim, como eu em vós. Todo ramo dá frutos se permanecer na videira!
P.: Ó Maria, sem Jesus, vosso Filho, não podemos fazer nenhum bem, pois tudo o que fizermos foi Deus que com sua graça nos fez realizar.
— "Sem mim nada podeis fazer", é o que vamos guardar em nosso coração, pois nos deixastes esse exemplo. Amém!

— Cântico à Palavra de Deus
— Anúncio – **Videira – Ramos –** Jo 15,1-5

[1]"Eu sou a videira verdadeira, e meu Pai é o agricultor. [2]Todo ramo que em mim não produz fruto, ele o corta; e todo ramo que produz fruto, ele o poda para que produza mais fruto. [3]Vós já estais limpos por causa da palavra que vos falei. [4]Permanecei em mim, como eu em vós. Como o ramo não pode dar fruto por si mesmo se não permanecer na videira, assim também vós, se não permanecerdes em mim. [5]Eu sou a videira e vós os ramos. Quem permanece em mim e eu nele, esse dá muitos frutos, porque sem mim nada podeis fazer.

— Meditação (Pregação, Mensagem)

5. Caridade: Êxodo da vida
L.: Somos felizes, ó Maria, pois nos reunimos em Família para ouvir e nos revestir da Palavra bendita de Cristo, nosso Salvador, que nos resgatou em sua misericórdia.
— Podemos viver com intensidade a fé em nossa Comunidade e trilhar o caminho da santidade!
L.: É feliz quem se põe no caminho da vida e está sempre com disposição para fazer seu êxodo com os pés no chão e Deus no coração, pois sua Palavra é luz que guia nossos passos e orienta nossas opções.
— Vós sois, ó Maria, a força de que precisamos neste caminho de vida e de comunhão!
L.: Ó Mãe do Redentor e Senhora Aparecida, não é pequeno o amor nem menor a esperança de quem tem pouco para repartir, ou até só

pode mesmo estender as mãos vazias, ofertando o coração.

— **O que importa, ó Mãe, é repartir a vida, os dons e o pão!**

L.: Não é pequeno o amor nem menor a esperança de quem tem pouco para repartir ou só pode estender as mãos vazias, ofertando o coração. Não há em nossa história quem se tornou infeliz porque repartiu com alegria a vida, os dons e o coração.

— **Pois é no amor solidário que encontramos a verdadeira paz e a realização! Amém!**

(Procissão da Caridade – Oferta dos Alimentos)

BENDIZER
A Família dialoga com o Senhor

6. Realização da Aliança

L.: É sublime erguer os olhos e contemplar o Pão vivo do altar; é Jesus, nosso Salvador. É feliz a Comunidade que não se esquece da verdade de nosso Senhor: "Quem comer deste pão viverá eternamente".

— **Ó Maria, vós nos trouxestes a Aliança eterna de amor, Jesus, nosso Senhor!**

L.: Quem comer do Pão da vida jamais terá fadigas e não se cansará de amar. Ele é sustento em nossa caminhada rumo ao céu. Feliz quem sabe se alimentar deste Pão tão bendito, Pão de nossa salvação.

— **Fazei-nos, ó Maria, viver na alegria da comunhão e da partilha, em cada dia de nossa vida!**

L.: Feliz quem escolheu Deus para ser o Senhor de sua vida, pois traz no coração a grande alegria, bem igual à de Isabel, naquele dia em que se encontrou com Maria.

— **Agora, como Família amada e querida, nós acolhemos nosso Senhor, nosso Deus e Redentor. Amém!**

(Entronização, Exposição e Adoração do Santíssimo)

7. Pão em todas as Mesas
(Oração Congresso Eucarístico – Antes do cântico "Tão Sublime")

— Ó Salvador do Mundo, no deserto, Deus Pai alimentou o povo com o maná e preparou na sua bondade uma mesa para o pobre. Fazei que, neste Congresso Eucarístico Nacional, ao celebrarmos o mistério da Palavra que se fez carne e Pão da vida, vivamos em vós a comunhão e a partilha de nosso pão de cada dia,

— **para que não haja necessitados entre nós.**

— Vós, cheio de compaixão, tomastes o pão, destes graças e o distribuístes à multidão com fome. E, para permanecer entre nós o sacrifício da Nova Aliança,

— **na última ceia, mandastes que o celebrássemos em memória de vós.**

— Concedei-nos que, ao participar do banquete do vosso Corpo e do vosso Sangue e adorando vossa presença na Eucaristia,

— **continueis vossa ação, em nós e por meio de nós, para que haja pão em todas as mesas.**

— À luz do Espírito Santo, pelo qual realizais hoje o memorial da vossa Páscoa na Igreja, façamos a opção evangélica pelos pobres, como consequência da fé que age

pela caridade, e saiamos, com a Virgem Maria, proclamando que Deus saciou de bens os famintos,
— **oferecendo a todos vossa vida, pelo anúncio alegre do Evangelho. Amém.**

Bênção do Santíssimo
(Cântico "Tão Sublime", p. 2)

> **IDE – EVANGELIZAI!**
> A Família unida evangeliza

8. Consagrar a vida
P.: Ó Bem-aventurada Mãe e Senhora, nossa Família vem até vós com renovada gratidão por vossa presença amiga e certa, presença materna, junto de todas as gerações,
— **que vos chamam de Bem-aventurada Senhora de Aparecida!**
P.: Sois a Mãe de Cristo e sois nossa Mãe. Deixastes revestir-vos inteiramente pela Palavra e pelo amor do Pai, que vos ama eternamente, por isso sois nosso modelo de vida
— **Maria, sois modelo de vida no seguimento de Cristo, Verbo eterno, Deus Conosco, Emanuel. Amém!**

(Consagração a Nossa Senhora, p. 4)

9. Oferta das Flores
L.: Benditas sejam as flores, que enfeitam ruas, cidades, casas e jardins.
— **Bendito seja o amor tão terno e santo, que Maria nos deu em seu Sim.**
L.: Benditos sejam os jardineiros que podem admirar a beleza, com que foram revestidos — **os cravos, as orquídeas, as rosas, as flores e os jasmins!**
L.: Como as flores, ó Senhora e Mãe Aparecida, revesti-nos da ternura divina e dai coragem em anunciar,
— **com o serviço, o testemunho, o diálogo e o anúncio da verdade de Cristo, no agora de nossa história. Amém!**

10. Agradecimentos

11. Envio Missionário
P.: Todos nós, que nos unimos neste dia em Cristo e com Maria, sejamos um povo revestido da Palavra. Brilhem sobre a Família dos Devotos a alegria e a esperança, como as estrelas do céu... Que a mão do Senhor pouse suavemente sobre a vida e o coração de vocês e os faça fortes na fé... Procurem a cada dia o rosto do Senhor, para que Ele lhes abra os tesouros da sabedoria e os encha de amor transformador... Que a luz do Senhor ilumine a vida de vocês e lhes dê a paz... Que Ele os guarde na palma de sua mão e os abençoe.
— **Amém! Assim seja!**
P.: Vão e anunciem com fervor e alegria, com amor e compaixão, com a vida e o testemunho, o Evangelho libertador de Cristo, nosso Senhor.
— **Amém! Assim seja!**
P.: A festa da vida continua! Permaneçamos na paz de Jesus e na proteção da Senhora Aparecida.
— **Ó Santa Mãe Aparecida, fazei-nos ser uma Igreja em saída missionária. Amém!**

(Homenagem do povo – Entrega das Flores)

3º Dia

Com Maria, reunir-se para celebrar a Palavra!

ACOLHER
Somos a Família reunida

(Procissão de Entrada)

1. Início orante
P.: Em nome do Pai † e do Filho e do Espírito Santo.
— **Amém!**
P.: Maria, vós que sois a Imaculada Conceição, nós vos saudamos com fervor e gratidão. Maria, estamos reunidos em Família, em Comunidade, como Igreja, da qual sois Mãe bendita. Vós, que cumprindo a vontade divina vos revestistes da bondade e da misericórdia do Senhor, fazei-nos ser uma Família com o mesmo penhor, com o mesmo ardor de fé e de amor.
— **Ave, ó Maria, ó cheia de graça, ó bendita entre todas as mulheres da terra, o Senhor é convosco!**
P.: Em vosso Sim resoluto tornastes vosso seio fecundo, gerando o Salvador da humanidade, o novo Moisés, Jesus, o Messias esperado, realização da nova Páscoa, da Aliança eterna de amor. Vós vos fizestes o mais pleno vazio para vos revestirdes da vontade e da Palavra do Pai.
— **Eis aqui a serva do Senhor. Realize-se em mim sua vontade, sua Palavra!**
P.: Senhora Aparecida, vós fostes apaixonada por Deus, por isso sois a Mulher de todos os tempos, de Nazaré, de Belém, de todos os lugares. São inesquecíveis o dia e a hora em que dissestes: "Eis aqui a serva do Senhor". E o Verbo eterno do Pai tornou-se a Palavra viva, encarnada, presente em nossa história, e vós fostes a primeira a vos revestirdes de sua Palavra libertadora e redentora.
— **Por Maria, o Verbo eterno do Pai fez sua morada em nós!**
P.: Bendita sejais, ó Maria, Mariama de todas as raças e línguas! Como Família e cheios de devoção, dai-nos um coração puro, com os mesmos sentimentos de Jesus. Modelai nosso coração para que seja sempre revestido do verdadeiro amor cristão e assim alcancemos a salvação.
— **Fazei-nos, ó Maria, ser vossa Família, revestida da Palavra de Jesus, vosso Filho, e assim viveremos a mais bela poesia do mais belo Amor, Jesus, nosso Senhor. Amém!**

OUVIR
Como Família ouvimos o Senhor

2. A Palavra nos reveste
P.: Ó Mãe bendita e imaculada, quando ressoa entre nós a Palavra

divina nos sentimos revestidos do amor de Cristo Senhor. Quando nos deixamos levar por essa Palavra, anunciada e celebrada,
— **há uma alegria imensa, que transborda de nosso coração, pois nos liberta e nos traz vida e redenção!**
L.: Reunidos em Comunidade e revestidos da Palavra, que vem sobre nós, como a chuva serena e benfazeja, nossa Família e a Comunidade inteira
— **cantam hosanas e hosanas, milhares e milhares de louvores ao Senhor, Deus de amor!**
L.: Maria, como nossa Mãe bendita, guiai-nos nas sendas desta vida, muitas vezes tão cheia de riscos e de ofertas comodistas, que nos impedem de ter a doce alegria da partilha e do amor gerador da vida.
— **Celebrando a Palavra, bebemos da fonte que jorra para o mundo, a misericórdia divina!**
L.: Ó Maria, vós que nos ensinastes a buscar nossa Páscoa em vosso Filho Jesus, quando nos dissestes: "Fazei o que Ele vos disser", despertai-nos para novos horizontes, onde despontam a paz e a alegria dos que esperam em vosso Filho.
— **Senhor Deus, da eternidade, de nosso tempo e de nossa história, fazei-nos servidores de vosso Reino. Amém!**

(Entrada da Palavra)

3. Maria se reveste da Palavra

P.: Maria, vós que nos trouxestes a luz verdadeira, que brilhou em toda a face da terra, luz mais forte que o sol do meio-dia, ajudai-nos a caminhar nessa Luz, eterna e infalível, que é Cristo Jesus.
— **Ajudai-nos, ó Mãe, a progredir no amor de Cristo, Palavra eterna, encarnada entre nós!**
P.: Vós, que vos revestistes em cada dia do Evangelho de vosso Filho, fazei-nos descobrir no agora de nossa vida a força da ousadia, que nos faz viver mergulhados na esperança de ver chegar a hora e o dia em que a humanidade viverá na mesma harmonia,
— **sem preconceitos, diferenças ou desonras. Vinde, ó Maria, e libertai-nos. Amém!**

(Entronização e incensação da Imagem. Durante a incensação, silêncio orante. Em seguida, cantam-se os "Louvores a Maria".)

P.: A vós, ó Maria, elevamos o coração misturado na prece e no louvor, pois confiamos em vossa maternal proteção, e temos certeza de que apresentais a vosso Filho o que vos pedimos com ardor.
— **Nossa Comunidade vos ama, ó Maria, e confia em vossa maternal proteção. Amém!**

— Ó Virgem e Mãe da Igreja.
Maria, clamamos a vós!
— Revesti-nos de esperança e caridade.
— Revesti-nos da Palavra divina.
Lá no céu, rogai a Deus por nós!

— Ó Mãe tão bela e incomparável.
Maria, clamamos a vós!
— Fazei-nos Família de Deus.
— Fazei-nos praticantes da Palavra.
Lá no céu, rogai a Deus por nós!

— Ó Mãe e Serva do Senhor.
Maria, clamamos a vós!

— Revesti-nos de santa humildade.
— Revesti-nos de paz e alegria.
Lá no céu, rogai a Deus por nós!

P.: Maria, vós sois nossa Mãe querida, e vosso povo vos ama muito, pois sabe que junto de vós irá encontrar vosso Filho Jesus. Vós que acompanhais a cada um de nós, e nossas Comunidades, ajudai-nos a abraçar com alegria a vida de comunhão e de fraternidade, vivendo unidos pela Palavra de Cristo, nosso Senhor.
— **Sim, ó Maria, convosco queremos caminhar para Jesus. Amém!**

4. A Palavra nos ilumina
P.: Maria, vós, que nos trouxestes a Luz infalível, o Cristo Jesus, o Verbo eterno do Pai, fazei-nos compreender que Ele veio para ser o Caminho que nos conduz para dentro do coração do Pai.
— **Jesus é o Verbo eterno do Pai e desde o princípio estava junto de Deus!**
P.: Quando nos reunimos para ouvir a Palavra de vosso Filho, ó Maria, sentimos a imensa alegria que nos vem da eternidade e penetra nossa existência, fazendo-nos sentir irmãos e irmãs de verdade.
— **Só pode ser feliz quem se deixa conduzir pelo Evangelho de Cristo, a vosso exemplo, ó Maria. Amém!**

— Cântico à Palavra de Deus
— Anúncio – **Encarnação do Verbo** – Jo 1,1-14

[1] No princípio existia o Verbo, e o Verbo estava junto de Deus, e o Verbo era Deus. [2] No princípio ele estava junto de Deus. [3] Tudo foi feito por meio dele, e sem ele nada do que existe foi feito. [4] Nele estava a vida, e a vida era a luz dos homens. [5] A luz brilha nas trevas, mas as trevas não a acolheram.
[6] Apareceu um homem enviado por Deus: seu nome era João. [7] Ele veio como testemunha, para dar testemunho da luz, para que, por meio dele, todos viessem a crer. [8] Ele não era a luz, mas devia dar testemunho da luz. [9] O Verbo, a luz verdadeira, que ilumina todo homem, estava para vir ao mundo. [10] Ele estava no mundo, e o mundo foi feito por ele, mas o mundo não o reconheceu. [11] Veio para junto dos seus, mas os seus não o acolheram. [12] A todos, porém, que o acolheram, ele deu o poder de se tornarem filhos de Deus, isto é, àqueles que creem no seu nome. [13] Estes não nasceram do sangue, nem da vontade da carne e nem da vontade do homem, mas nasceram de Deus.
[14] E o Verbo se fez carne e veio morar no meio de nós. E contemplamos sua glória, a glória que recebe do Pai como Filho único, cheio de graça e de verdade.

— Meditação (Pregação, Mensagem)

5. Caridade: Êxodo da vida
L.: Maria, quem poderá conter o êxodo de um rio que segue seu caminho, supera obstáculos e alcança seu destino? A Palavra que celebramos, unidos na Comunidade,
— **vem iluminar nossas indecisões e nossos caminhos na verdade do Reino!**
L.: Ninguém poderá conter aqueles a quem o Senhor aponta seu caminho. Nem o vento mais forte, nem a intrépida tempestade, nem a morte, a guerra ou opressão po-

derão desviar do caminho da verdade os que vivem a fé unidos em uma Comunidade.

— **Assim é o amor verdadeiro que nos faz olhar altaneiros para onde nos vem a luz e nos faz abraçar a história de nossa vida,**

L.: construindo nossa casa sobre a rocha firme da Palavra, tão carregada de amor e de redenção, reunidos pela Palavra tão cheia de luz, que é Jesus,

— **celebramos a nova criação do Deus-Amor, do Deus-Irmão! Amém!**

(Procissão da Caridade – Oferta dos Alimentos)

BENDIZER
A Família dialoga com o Senhor

6. Realização da Aliança

L.: Ó Maria, flor bendita de Israel, Templo vivo do Senhor, Catedral radiante de luz, sois a mais bela criatura, onde Deus realizou a promessa de nossa redenção. Quem poderá desprezar tão belo e eterno amor?

— **É Jesus, nosso Deus e Senhor, que veio nos trazer a paz, a luz e a salvação!**

L.: Sede bendita, ó Maria, e todos saibam cantar com alegria, jovens, adultos, crianças e quem mais tenha a sabedoria, reconhecendo que em vós se realizou a plena profecia, dos que esperavam o Salvador.

— **É Natal todo dia, pois o Senhor em cada Eucaristia nos faz renascer em seu amor!**

L.: É bela a Comunidade que se reúne na unidade, para escutar a Palavra e depois compará-la com tantas realidades. Permite que a Luz que vem da eternidade ilumine a vida de nossas Comunidades.

— **Vinde, Jesus, Filho de Deus, nascido de Maria, e nosso Redentor. Amém!**

(Entronização, Exposição e Adoração do Santíssimo)

7. Pão em todas as Mesas

(Oração Congresso Eucarístico – Antes do cântico "Tão Sublime")

— Ó Salvador do Mundo, no deserto, Deus Pai alimentou o povo com o maná e preparou na sua bondade uma mesa para o pobre. Fazei que, neste Congresso Eucarístico Nacional, ao celebrarmos o mistério da Palavra, que se fez carne e Pão da vida, vivamos em vós a comunhão e a partilha de nosso pão de cada dia,

— **para que não haja necessitados entre nós.**

— Vós, cheio de compaixão, tomastes o pão, destes graças e o distribuístes à multidão com fome. E, para permanecer entre nós o sacrifício da Nova Aliança,

— **na última ceia, mandastes que o celebrássemos em memória de vós.**

— Concedei-nos que, ao participar do banquete do vosso Corpo e do vosso Sangue e adorando vossa presença na Eucaristia,

— **continueis vossa ação, em nós e por meio de nós, para que haja pão em todas as mesas.**

— À luz do Espírito Santo, pelo qual realizais hoje o memorial da vossa Páscoa na Igreja, façamos a opção evangélica pelos pobres, como consequência da fé que age pela caridade, e saiamos, com a

Virgem Maria, proclamando que Deus saciou de bens os famintos,
— **oferecendo a todos vossa vida, pelo anúncio alegre do Evangelho. Amém.**

Bênção do Santíssimo
(Cântico "Tão Sublime", p. 2)

IDE – EVANGELIZAI!
A Família unida evangeliza

8. Consagrar a vida
P.: Ó Virgem de todos os tempos da história, Senhora do mundo e Mãe de Cristo, olhai para vosso povo peregrino e para os pobres esquecidos pelos importantes dos palácios, que se acham senhores do mundo.
— **Vossa humildade, ó Mãe, acolhe os abandonados e desprezados em nossa sociedade egoísta!**
P.: Convosco, ó Maria, celebramos a bondade divina, as obras do Senhor, e nos dispomos a nos revestir da Palavra, pois queremos ser solidários com os feridos em sua dignidade na sociedade de agora.
— **Ajudai-nos, ó Mãe, a sermos profetas de esperança; homens e mulheres impregnados da verdade de Cristo no mundo. Amém!**

(Consagração a Nossa Senhora, p. 4)

9. Oferta das Flores
L.: Quem pode, ó Maria, negar a beleza dos jardins floridos e a beleza da vida? Não há coração empedernido que não se dobre diante da flor que exala a beleza do Criador.
— **A simplicidade da flor vence as armas da morte e as transforma em instrumentos de paz!**
L.: As flores que ofertamos é nossa confiança no futuro de um mundo sem guerra e sem ódio, mergulhado na paz.
— **É a beleza radiante da misericórdia divina que nos ampara e nos ensina a amar e servir!**
L.: Acolhei, Mãe bendita, as flores, que vos ofertamos, e fazei transbordar de nosso coração a alegria de amor a vós e aos irmãos.
— **As flores que trazemos em nossas mãos sejam nossa inspiração na ação como cristãos. Amém!**

10. Agradecimentos

11. Envio Missionário
P.: Todos nós, que nos unimos neste dia em Cristo e com Maria, sejamos um povo revestido da Palavra. Brilhem sobre a Família dos Devotos, a alegria e a esperança, como as estrelas do céu... Que a mão do Senhor pouse suavemente sobre a vida e o coração de vocês e os faça fortes na fé... Procurem a cada dia o rosto do Senhor, para que Ele lhes abra os tesouros da sabedoria e os encha de amor transformador... Que a luz do Senhor ilumine a vida de vocês e lhes dê a paz... Que Ele os guarde na palma de sua mão e os abençoe.
— **Amém! Assim seja!**
P.: Vão e anunciem com fervor e alegria, com amor e compaixão, com a vida e o testemunho, o Evangelho libertador de Cristo, nosso Senhor.
— **Amém! Assim seja!**
P.: A festa da vida continua! Permaneçamos na paz de Jesus e na proteção da Senhora Aparecida.
— **Ó Santa Mãe Aparecida, fazei-nos ser uma Igreja em saída missionária. Amém!**

(Homenagem do povo – Entrega das Flores)

4º Dia

Com Maria, caminhar para a terra da justiça e da paz!

ACOLHER
Somos a Família reunida

(Procissão de Entrada)

1. Início orante
P.: Em nome do Pai † e do Filho e do Espírito Santo.
— **Amém!**
P.: Maria, vós que sois a Imaculada Conceição, nós vos saudamos com fervor e gratidão. Maria, estamos reunidos em Família, em Comunidade, como Igreja, da qual sois Mãe bendita. Vós, que cumprindo a vontade divina vos revestistes da bondade e da misericórdia do Senhor, fazei-nos ser uma Família com o mesmo penhor, com o mesmo ardor de fé e de amor.
— **Ave, ó Maria, ó cheia de graça, ó bendita entre todas as mulheres da terra, o Senhor é convosco!**
P.: Em vosso Sim resoluto tornastes vosso seio fecundo, gerando o Salvador da humanidade, o novo Moisés, Jesus, o Messias esperado, realização da nova Páscoa, da Aliança eterna de amor. Vós vos fizestes o mais pleno vazio para vos revestirdes da vontade e da Palavra do Pai.
— **Eis aqui a serva do Senhor. Realize-se em mim sua vontade, sua Palavra!**
P.: Senhora Aparecida, vós fostes apaixonada por Deus, por isso sois a Mulher de todos os tempos, de Nazaré, de Belém, de todos os lugares. São inesquecíveis o dia e a hora em que dissestes: "Eis aqui a serva do Senhor". E o Verbo eterno do Pai tornou-se a Palavra viva, encarnada, presente em nossa história, e vós fostes a primeira a vos revestirdes de sua Palavra libertadora e redentora.
— **Por Maria, o Verbo eterno do Pai fez sua morada em nós!**
P.: Bendita sejais, ó Maria, Mariama de todas as raças e línguas! Como Família e cheios de devoção, dai-nos um coração puro, com os mesmos sentimentos de Jesus. Modelai nosso coração para que seja sempre revestido do verdadeiro amor cristão e assim alcancemos a salvação.
— **Fazei-nos, ó Maria, ser vossa Família, revestida da Palavra de Jesus, vosso Filho, e assim viveremos a mais bela poesia do mais belo Amor, Jesus, nosso Senhor. Amém!**

OUVIR
Como Família ouvimos o Senhor

2. A Palavra nos reveste
P.: Ó Maria, como foi radiante aquele dia em que vosso Filho

entoou louvores ao Pai, por Ele ter revelado a verdade do Reino aos simples e pequenos.

— **Sim, ó Maria, é encantadora a alegria de quem se deixa tocar pela verdade de Cristo!**

L.: Mãe Aparecida, Virgem de cor morena e de rosto sereno, queimado pelo sol, como o rosto de nossa gente que luta pela sobrevivência, clamando pela justiça e pela paz, que parecem tardar, mas não vão faltar,

— **porque o vosso e nosso Senhor jamais se esqueceu dos pobres e oprimidos, dos abandonados e esquecidos!**

L.: Maria, Mãe bendita, guiai-nos nesta vida pelos caminhos do Reino, bem longe dos projetos vãos, daqueles que se enganam, pensando ter maior força por causa do poder.

— **Vosso Filho já nos lembrou que não fracassa quem crê no amor, e que os fracos, diante do mundo, confundem os soberbos e os derrubam de seus tronos.**

L.: Nós vos bendizemos, ó Maria, porque vós ouvistes, aquele dia, vosso Filho pleno de alegria, por causa dos humildes que acolheram com fervor o Reino do Céu, o Reino do amor, da justiça e da paz.

— **Vinde, ó Maria, com vossa força maternal, e ajudai-nos a compreender o jeito certo de viver, aqui e agora, o Reino do Céu!**

(Entrada da Palavra)

3. Maria se reveste da Palavra

P.: Maria, nossa Família aqui reunida vos acolhe com filial alegria, em vossa imagem tão pequenina, que faz transbordar nosso coração de tanta alegria, que só pode ser do céu.

— **Revesti nossa Família com a força do Evangelho e dai novo vigor a quem pede vosso consolo, ó Mãe de amor!**

P.: Senhora Aparecida, desde o dia bem-aventurado em que, em vossa imagem, aparecestes nas redes dos humildes pescadores, João Alves, Felipe Pedroso e Domingos Garcia, vós nos ensinais que são bem-aventurados

— **os que procuram viver, com todo o empenho e com toda a dedicação, o ensinamento de Cristo, para alcançarem a salvação! Amém!**

(Entronização e incensação da Imagem. Durante a incensação, silêncio orante. Em seguida, cantam-se os "Louvores a Maria".)

P.: Mãe do Céu, estamos reunidos como Família para vos louvar. Pela encarnação do Filho de Deus, em vosso seio bendito, fizestes acontecer a história divina em nossa realidade humana. Assim, ó Mãe Aparecida, ouvi com maternal acolhida o que vos apresentamos, cheios de esperança.

— **Maria, ajudai-nos a cantar os louvores do Senhor, e chegue ao céu nosso clamor. Amém!**

— Ó Virgem e Mãe de Jesus.
Maria, clamamos a vós!
— Revesti-nos da paz e esperança.
— Revesti-nos da verdade de Cristo.
Lá no céu, rogai a Deus por nós!

— Ó Senhora e Mãe dos peregrinos.
Maria, clamamos a vós!
— Revesti-nos de justiça e de paz.
— Revesti-nos de amor e ternura.
Lá no céu, rogai a Deus por nós!

— Ó Mãe de nossas Famílias.
Maria, clamamos a vós!
— Guardai os jovens e as crianças.
— Guiai-nos nos caminhos do Reino.
Lá no céu, rogai a Deus por nós!

P.: Mãe de Cristo e Mãe de toda a humanidade, Mãe de todos os que clamam e esperam pela justiça e pela paz, dai-nos um coração nobre, revestido, como o vosso, das coisas do Evangelho, do Reino do Céu. Sois nosso exemplo e modelo de que vale a pena sempre apostar no que é de Deus.
— **Libertai-nos, ó Mãe, de nossa mesquinhez e fazei-nos mais solícitos e fiéis ao Senhor, nosso Caminho, Verdade e Vida. Amém!**

4. A Palavra nos ilumina

P.: Maria, temos certeza de que ficastes feliz aquele dia em que vosso Filho Jesus anunciou sua missão na sinagoga de Nazaré.
— **Os pobres se alegraram, pois chegara o esperado, o Messias Redentor!**
P.: E aquele anúncio tão esperado, ó Maria, foi um sinal divino que provocou a admiração, mas também a oposição, pois o Evangelho, desde então, tira-nos da acomodação e nos convoca para a missão.
— **São bem-aventurados como vós, ó Maria, os que se deixam impregnar pela Palavra que vem para nos libertar. Amém!**

— Cântico à Palavra de Deus
— Anúncio – **Jesus em Nazaré** – Lc 4,16-21

^{16}Jesus foi a Nazaré, lugar onde tinha sido criado. No sábado, segundo seu costume, entrou na sinagoga e levantou-se para fazer a leitura. ^{17}Foi-lhe dado o livro do profeta Isaías. Desenrolando o livro, encontrou a passagem onde estava escrito: ^{18}"O Espírito do Senhor está sobre mim, porque me ungiu para evangelizar os pobres, mandou-me anunciar aos cativos a libertação, aos cegos a recuperação da vista, pôr em liberdade os oprimidos ^{19}e proclamar um ano de graça do Senhor". ^{20}Depois enrolou o livro, entregou-o ao servente e sentou-se. Todos na sinagoga tinham os olhos voltados para ele. ^{21}Então começou a dizer-lhes: "Cumpriu-se hoje esta passagem da Escritura diante de vós".

— Meditação (Pregação)

5. Caridade: Êxodo da vida

L.: Maria, bem sabemos que podemos vencer os mares e os oceanos, pois temos a liberdade de neles navegar e escolher a direção que quisermos. Mas, ó Mãe, como podemos navegar, se não temos o barco e nos proibiram de fazê-lo?
— **Impulsionai nosso coração, ó Mãe, para que seja simples e humilde como é o vosso!**
L.: Ajudai-nos, ó Mãe, a construir o barco da justiça e da paz, para que ele possa singrar em todos os mares do mundo. E onde houver a injustiça e opressão, que elas sejam derrubadas de seus tronos corruptos e caiados.

— Um dia vão chegar a justiça e a paz a todos os cantos e recantos, pois elas não têm dono, são de Deus!

L.: Fazei-nos, ó Mãe, ser uma Igreja não autoritária, mas comunitária; não impositora, mas dialogal; não elitista, mas popular; não moralista, mas que tenha moral. Fazei-nos ser uma Igreja viva, a Igreja do jeito de Jesus.

— **Ajudai-nos, ó Mãe, a ser a Igreja da partilha, do lava-pés, do bom samaritano, do acolhimento e da ternura. Amém!**

(Procissão da Caridade – Oferta dos Alimentos)

BENDIZER
A Família dialoga com o Senhor

6. Realização da Aliança
L.: Senhora Aparecida, se o mundo marginaliza os direitos de cidadania e rechaça o bem comum da pátria ou nação, não podemos nos calar, enquanto não reinarem a justiça e a paz.

— **Ó Justiça divina, ó Cristo Senhor, fazei reinarem, aqui e agora, a justiça e a paz!**

L.: Nós vamos confiar, ó Mãe querida, pois vos haveis de nos apoiar, para superar o rancor das armas, que só serve para matar, reconquistando a solidariedade e a paz.

— **Mãos que se mantém unidas rompem os laços de qualquer ignomínia!**

L.: Viveremos muito unidos, como Família fiel, revestidos da esperança que brota cada dia no coração de quem se sabe nas mãos de Deus, desejando fazer acontecerem a fraternidade e a paz.

— **Vinde, Jesus, presente no Pão da vida, Senhor Libertador, pleno de misericórdia e compaixão. Amém!**

(Entronização, Exposição e Adoração do Santíssimo)

7. Pão em todas as Mesas
(Oração Congresso Eucarístico – Antes do cântico "Tão Sublime")

— Ó Salvador do Mundo, no deserto, Deus Pai alimentou o povo com o maná e preparou na sua bondade uma mesa para o pobre. Fazei que, neste Congresso Eucarístico Nacional, ao celebrarmos o mistério da Palavra que se fez carne e Pão da vida, vivamos em vós a comunhão e a partilha de nosso pão de cada dia,

— **para que não haja necessitados entre nós.**

— Vós, cheio de compaixão, tomastes o pão, destes graças e o distribuístes à multidão com fome. E, para permanecer entre nós o sacrifício da Nova Aliança,

— **na última ceia, mandastes que o celebrássemos em memória de vós.**

— Concedei-nos que, ao participar do banquete do vosso Corpo e do vosso Sangue e adorando vossa presença na Eucaristia,

— **continueis vossa ação, em nós e através de nós, para que haja pão em todas as mesas.**

— À luz do Espírito Santo, pelo qual realizais hoje o memorial da vossa Páscoa na Igreja, façamos a opção evangélica pelos pobres, como consequência da fé que age

pela caridade, e saiamos, com a Virgem Maria, proclamando que Deus saciou de bens os famintos,
— oferecendo a todos vossa vida, pelo anúncio alegre do Evangelho. Amém.

Bênção do Santíssimo
(Cântico "Tão Sublime", p. 2)

> **IDE – EVANGELIZAI!**
> *A Família unida evangeliza*

8. Consagrar a vida
P.: Ó Maria, somos preciosos a vossos olhos maternos. Como Mãe que sois, conheceis o que habita em nosso frágil coração e o quanto precisamos de vosso auxílio,
— **Mãe bendita do Redentor, fazei morar em nós vosso amor, igual ao de Cristo, nosso Senhor!**
P.: Como é bom, ó Mãe, de vós recebermos o afago consolador e libertador de vosso amor. Vós que vos revestistes dos mesmos sentimentos de Cristo,
— **guiai-nos no caminho de Cristo, e sejam rompidos os laços da corrupção e do desamor. Amém!**

(Consagração a Nossa Senhora, p. 4)

9. Oferta das Flores
L.: Como podemos, ó Maria, não ter um pouco de poesia no coração? Pois nada há de mais belo nesta vida do que saber que somos filhos ou filhas
— **de uma Mãe tão bendita, que gerou em seu seio a mais Bela Criatura.**
L.: Foi Deus que vos escolheu e vos revestiu com toda a beleza do céu, pois sois Imaculada e assim fostes concebida.
— **Trazemos nossas flores e nossa gratidão, por vosso Sim, naquele dia, lá em Nazaré.**
L.: Foi lá também que vosso Filho proclamou o Ano da Graça do Senhor
— **e volveu seu olhar aos que estavam desprezados e tidos como sem valor. Amém!**

10. Agradecimentos

11. Envio Missionário
P.: Todos nós, que nos unimos neste dia em Cristo e com Maria, sejamos um povo revestido da Palavra. Brilhem sobre a Família dos Devotos a alegria e a esperança, como as estrelas do céu... Que a mão do Senhor pouse suavemente sobre a vida e o coração de vocês e os faça fortes na fé... Procurem a cada dia o rosto do Senhor, para que Ele lhes abra os tesouros da sabedoria e os encha de amor transformador... Que a luz do Senhor ilumine a vida de vocês e lhes dê a paz... Que Ele os guarde na palma de sua mão e os abençoe.
— **Amém! Assim seja!**
P.: Vão e anunciem com fervor e alegria, com amor e compaixão, com a vida e o testemunho, o Evangelho libertador de Cristo, nosso Senhor.
— **Amém! Assim seja!**
P.: A festa da vida continua! Permaneçamos na paz de Jesus e na proteção da Senhora Aparecida.
— **Ó Santa Mãe Aparecida, fazei-nos ser uma Igreja em saída missionária. Amém!**

(Homenagem do povo – Entrega das Flores)

5º Dia

Com Maria, revestir a Família com a Palavra!

ACOLHER
Somos a Família reunida

(Procissão de Entrada)

1. Início orante
P.: Em nome do Pai † e do Filho e do Espírito Santo.
— **Amém!**
P.: Maria, vós que sois a Imaculada Conceição, nós vos saudamos com fervor e gratidão. Maria, estamos reunidos em Família, em Comunidade, como Igreja, da qual sois Mãe bendita. Vós, que cumprindo a vontade divina vos revestistes da bondade e da misericórdia do Senhor, fazei-nos ser uma Família com o mesmo penhor, com o mesmo ardor de fé e de amor.
— **Ave, ó Maria, ó cheia de graça, ó bendita entre todas as mulheres da terra, o Senhor é convosco!**
P.: Em vosso Sim resoluto tornastes vosso seio fecundo, gerando o Salvador da humanidade, o novo Moisés, Jesus, o Messias esperado, realização da nova Páscoa, da Aliança eterna de amor. Vós vos fizestes o mais pleno vazio para vos revestirdes da vontade e da Palavra do Pai.
— **Eis aqui a serva do Senhor. Realize-se em mim sua vontade, sua Palavra!**
P.: Senhora Aparecida, vós fostes apaixonada por Deus, por isso sois a Mulher de todos os tempos, de Nazaré, de Belém, de todos os lugares. São inesquecíveis o dia e a hora em que dissestes: "Eis aqui a serva do Senhor". E o Verbo eterno do Pai tornou-se a Palavra viva, encarnada, presente em nossa história, e vós fostes a primeira a vos revestirdes de sua Palavra libertadora e redentora.
— **Por Maria, o Verbo eterno do Pai fez sua morada em nós!**
P.: Bendita sejais, ó Maria, Mariama de todas as raças e línguas! Como Família e cheios de devoção, dai-nos um coração puro, com os mesmos sentimentos de Jesus. Modelai nosso coração para que seja sempre revestido do verdadeiro amor cristão e assim alcancemos a salvação.
— **Fazei-nos, ó Maria, ser vossa Família, revestida da Palavra de Jesus, vosso Filho, e assim viveremos a mais bela poesia do mais belo Amor, Jesus, nosso Senhor. Amém!**

> **OUVIR**
> *Como Família ouvimos o Senhor*

2. A Palavra nos reveste

P.: Ó Mãe, desde Abraão até nossos dias, o Pai continua a realizar conosco sua Aliança de amor. Vós vivestes o ápice do encontro divino com o humano, quando o Pai vos escolheu

— e vós aceitastes ser a Mãe do Salvador, fazendo de vosso seio bendito a Catedral do Senhor!

L.: Favorecei, ó Mãe, os líderes de nossas Comunidades e todos os que já abraçaram a missão batismal, sendo missionários a serviço do Reino. Que eles sejam capazes de vestir o avental, para servirem,

— sem reservas, aqueles que estão mais esquecidos em nossa sociedade!

L.: Todos os que acolheram, ó Senhora e Mãe bendita, o que veio do coração divino tornaram-se fecundos e muito produziram pela causa do Reino no mundo. Quantos pais e mães de família

— se deixaram iluminar pela Palavra bendita, em seu dia a dia, e se tornaram felizes e amados de Deus!

L.: Maria, bendita é a Palavra de vosso Filho, que anima o cristão e nossas Famílias: "Vinde a mim, vós que estais aflitos sob o peso de vossos fardos

— e eu vos darei descanso, porque sou manso e humilde de coração, e achareis repouso para vossas almas". Amém!

(Entrada da Palavra)

3. Maria se reveste da Palavra

P.: Maria, vosso Filho é a Palavra viva ao alcance de nossas mãos. É como o trigo dourado que podemos colher para fazer o pão. Ele veio, bem o sabeis, Mãe bendita, para ser a Palavra em nossa vida.

— Revesti-nos de santa sabedoria para viver em cada dia o que Ele ensina!

P.: Maria, vós que soubestes ler os fatos da vida com a Palavra bendita, por isso a guardastes em vosso coração, e nos fazeis recordar as maravilhas que Deus outrora fizera entre os povos e nações,

— ajudai-nos a compreender o que Ele nos fala agora para nossas Famílias. Amém!

(Entronização e incensação da Imagem. Durante a incensação, silêncio orante. Em seguida, cantam-se os "Louvores a Maria".)

P.: Com cantos, com flores, com alegria e poesias, nós nos aproximamos de Maria, pois ela nos dá o amparo de que precisamos e a força de que necessitamos para viver na graça do Senhor.

— Maria, estendei vossa mão e acolhei nosso louvor, nossa súplica e gratidão. Amém!

— Ó Santa e Mãe incomparável.
Maria, clamamos a vós!
— Revesti-nos de paz e alegria.
— Revesti-nos de bondade e ternura.
Lá no céu, rogai a Deus por nós!

— Ó Senhora de nossas Famílias.
Maria, clamamos a vós!

— Inspirai-nos no amor e na união.
— Fazei da Família um Santuário.
Lá no céu, rogai a Deus por nós!

— Ó Mãe da Igreja peregrina.
Maria, clamamos a vós!
— Fazei-nos ser Igreja missionária.
— Revesti-nos de amor e santidade.
Lá no céu, rogai a Deus por nós!

P.: De todo o coração, ó Maria, depositamos em vossas mãos nossa pobre oração, mas vós nos conheceis, por isso sabeis que é sincero nosso amor e nosso louvor. Não vos esqueçais, ó Mãe, de nos guardar e proteger.
— A exemplo de vossa Família, ó Mãe querida, nós vamos acolher o que Jesus nos pedir e nos mandar fazer. Amém!

4. A Palavra nos ilumina
P.: O Senhor nos escreveu uma Carta de amor, ó Maria, e vós a lestes com tanto fervor, pois cumpristes o que ela vos dizia.
— Vós vos fizestes servidora e o Verbo eterno armou sua tenda em nossa existência!
P.: Vossa Palavra, Senhor, é luz para nossa Família e nosso caminhar. A exemplo de Maria, vamos nos deixar levar por tão grande dádiva.
— Ajudai-nos, ó Maria, a continuar a História da Salvação, fazendo de nossa Família o aconchego da Palavra divina. Amém!

— Cântico à Palavra de Deus
— Anúncio – **O amor vem de Deus** – 1Jo 4,7-10

⁷Caríssimos, amemo-nos uns aos outros, porque o amor vem de Deus. Todo aquele que ama nasceu de Deus e conhece a Deus. ⁸Mas quem não ama não conheceu a Deus, porque Deus é amor. ⁹Foi assim que se mostrou o amor de Deus para conosco: ele enviou ao mundo seu Filho único, para que tivéssemos a vida por meio dele. ¹⁰Nisto consiste o amor: não fomos nós que amamos a Deus, mas foi ele que nos amou e nos enviou seu Filho como vítima de expiação por nossos pecados.

— Meditação (Pregação, Mensagem)

5. Caridade: Êxodo da vida
L.: Maria, a Palavra que ouvimos é como a fonte refrescante e a sombra abundante, de que precisamos, na aridez do sol inclemente de nossa caminhada nesta vida. É preciso ressoar em todos os lugares do mundo, nos grandes centros urbanos e nas periferias,
— nos condomínios e apartamentos, o amor eterno e verdadeiro, o amor que vem de Deus!
L.: O amor, ó Maria, é o primeiro dom que de Deus recebemos. É o gerador da vida nova em Cristo, o Filho de Deus que abraçou nossa humanidade para resgatá-la no amor-liberdade, no amor-salvação.
— "Não há maior amor que dar a vida pelo irmão", pois, se é verdadeiro, só pode ser doação!
L.: Não há maior amor que partilhar a vida e o pão, e quando a sociedade de verdade se revestir da partilha e comunhão,

saberá rejeitar a exclusão e a corrupção.

— **Então as Famílias terão pão em suas mesas e vida em abundância a escorrer pelo chão. Amém!**

(Procissão da Caridade – Oferta dos Alimentos)

> **BENDIZER**
> *A Família dialoga com o Senhor*

6. Realização da Aliança

L.: Ó Maria, contemplando a Palavra, sentimos bem de perto o Senhor que nos chama para sermos servos e continuadores destemidos da verdade de Cristo.

— **Tirai de nossos olhos o véu que nos impede de enxergar o quanto precisamos caminhar para servir e amar!**

L.: O Pai nos revelou, ó Maria, para nossas Famílias, os tesouros de seu divino coração. Coração que é só Amor, que é pura comunicação de compaixão, de presença amorosa e ternura sem-fim.

— **Só Deus pode nos realizar e nosso coração alcançará a paz quando nele repousar!**

L.: É a Palavra viva e encarnada que agora vamos acolher. E, em Família, agradecer, com Nossa Senhora, o mistério de um amor que não tem fim, é Jesus, nosso Senhor.

— **Como podemos ser amados assim por um Deus que não reserva nem sua vida por amor de nós? Amém!**

(Entronização, Exposição e Adoração do Santíssimo)

7. Pão em todas as Mesas
(Oração Congresso Eucarístico – Antes do cântico "Tão Sublime")

— Ó Salvador do Mundo, no deserto, Deus Pai alimentou o povo com o maná e preparou na sua bondade uma mesa para o pobre. Fazei que, neste Congresso Eucarístico Nacional, ao celebrarmos o mistério da Palavra que se fez carne e Pão da vida, vivamos em vós a comunhão e a partilha de nosso pão de cada dia,

— **para que não haja necessitados entre nós.**

— Vós, cheio de compaixão, tomastes o pão, destes graças e o distribuístes à multidão com fome. E, para permanecer entre nós o sacrifício da Nova Aliança,

— **na última ceia, mandastes que o celebrássemos em memória de vós.**

— Concedei-nos que, ao participar do banquete do vosso Corpo e do vosso Sangue e adorando vossa presença na Eucaristia,

— **continueis vossa ação, em nós e através de nós, para que haja pão em todas as mesas.**

— À luz do Espírito Santo, pelo qual realizais hoje o memorial da vossa Páscoa na Igreja, façamos a opção evangélica pelos pobres, como consequência da fé que age pela caridade, e saiamos, com a Virgem Maria, proclamando que Deus saciou de bens os famintos,

— **oferecendo a todos vossa vida, pelo anúncio alegre do Evangelho. Amém.**

Bênção do Santíssimo
(Cântico "Tão Sublime", p. 2)

IDE – EVANGELIZAI!
A Família unida evangeliza

8. Consagrar a vida
P.: Senhora e Mãe da Igreja, vós, que vivestes a Família de Nazaré e sabeis o quanto ainda precisamos caminhar para sermos de verdade a Família pensada por Deus,
— **revesti-nos com a verdade de Cristo, e nossa Casa será um Santuário da vida!**
P.: Ensinai-nos com vosso amor de predileção e fazei-nos colocar Deus em primeiro lugar em nosso coração. Só assim encontraremos o sentido da vida e a paz que esperamos alcançar.
— **Maria, reavivai a fé em nossa Família e iluminai-a com a luz da esperança. Amém!**

(Consagração a Nossa Senhora, p. 4)

9. Oferta das Flores
L.: Ó Maria, queremos, agora, manifestar-vos nossa ternura e gratidão, trazendo em nossas mãos uma flor
— **e no coração muita gratidão e muita esperança de união nas Famílias, tão amadas de Deus!**
L.: Todos os olhares estão fitos, ó Mãe, em vosso rosto tão meigo e sereno,
— **pois vós fazeis reluzir a luz e a paz que vêm do céu!**
L.: Jovens, crianças, adultos e Famílias estamos unidos em uma só procissão, caminhando na mesma direção, que nos leva à certeza da luz,
— **e na força da união, banhados pelo amor-compaixão, faremos o mundo mais irmão. Amém!**

10. Agradecimentos

11. Envio Missionário
P.: Todos nós, que nos unimos neste dia em Cristo e com Maria, sejamos um povo revestido da Palavra. Brilhem sobre a Família dos Devotos a alegria e a esperança, como as estrelas do céu... Que a mão do Senhor pouse suavemente sobre a vida e o coração de vocês e os faça fortes na fé... Procurem a cada dia o rosto do Senhor, para que Ele lhes abra os tesouros da sabedoria e os encha de amor transformador... Que a luz do Senhor ilumine a vida de vocês e lhes dê a paz... Que Ele os guarde na palma de sua mão e os abençoe.
— **Amém! Assim seja!**
P.: Vão e anunciem com fervor e alegria, com amor e compaixão, com a vida e o testemunho, o Evangelho libertador de Cristo, nosso Senhor.
— **Amém! Assim seja!**
P.: A festa da vida continua! Permaneçamos na paz de Jesus e na proteção da Senhora Aparecida.
— **Ó Santa Mãe Aparecida, fazei-nos ser uma Igreja em saída missionária. Amém!**

(Homenagem do povo – Entrega das Flores)

6º Dia

Com Maria, viver em constante êxodo!

> **ACOLHER**
> *Somos a Família reunida*

(Procissão de Entrada)

1. Início orante

P.: Em nome do Pai † e do Filho e do Espírito Santo.
— **Amém!**
P.: Maria, vós que sois a Imaculada Conceição, nós vos saudamos com fervor e gratidão. Maria, estamos reunidos em Família, em Comunidade, como Igreja, da qual sois Mãe bendita. Vós, que cumprindo a vontade divina vos revestistes da bondade e da misericórdia do Senhor, fazei-nos ser uma Família com o mesmo penhor, com o mesmo ardor de fé e de amor.
— **Ave, ó Maria, ó cheia de graça, ó bendita entre todas as mulheres da terra, o Senhor é convosco!**
P.: Em vosso Sim resoluto tornastes vosso seio fecundo, gerando o Salvador da humanidade, o novo Moisés, Jesus, o Messias esperado, realização da nova Páscoa, da Aliança eterna de amor. Vós vos fizestes o mais pleno vazio para vos revestirdes da vontade e da Palavra do Pai.
— **Eis aqui a serva do Senhor. Realize-se em mim sua vontade, sua Palavra!**
P.: Senhora Aparecida, vós fostes apaixonada por Deus, por isso sois a Mulher de todos os tempos, de Nazaré, de Belém, de todos os lugares. É inesquecível o dia e a hora em que dissestes: "Eis aqui a serva do Senhor". E o Verbo eterno do Pai tornou-se a Palavra viva, encarnada, presente em nossa história, e vós fostes a primeira a vos revestirdes de sua Palavra libertadora e redentora.
— **Por Maria, o Verbo eterno do Pai fez sua morada em nós!**
P.: Bendita sejais, ó Maria, Mariama de todas as raças e línguas! Como Família e cheios de devoção, dai-nos um coração puro, com os mesmos sentimentos de Jesus. Modelai nosso coração para que seja sempre revestido do verdadeiro amor cristão e assim alcancemos a salvação.
— **Fazei-nos, ó Maria, ser vossa Família, revestida da Palavra de Jesus, vosso Filho, e assim viveremos a mais bela poesia do mais belo Amor, Jesus, nosso Senhor. Amém!**

> **OUVIR**
> *Como Família ouvimos o Senhor*

2. A Palavra nos reveste

P.: Maria, vós sois a Mãe da Igreja, pois foi assim naquele dia quan-

do Jesus, vosso Filho, no alto da cruz, anunciou-vos com amor:
— "Mulher, eis aí teu filho". "Filho, eis aí tua mãe." E a partir daquela hora o discípulo a levou para sua casa!
L.: Sim, ó Mãe, ali vos tornastes Mãe da Igreja, do povo peregrino, a Igreja viva, sacramento do Reino. Não deixeis, porém, ó Mãe, que a Igreja seja uma fortaleza sem janelas e sem portas, mas sim como a gruta de Belém,
— quem para lá for poderá entrar, pois não há porta ou janelas, nem cancelas ou seguranças!
L.: Fazei-nos, ó Mãe, sermos uma Igreja viva em constante êxodo e um povo de coração aberto, olhando para além do horizonte, para não nos perdermos nas frágeis ilusões.
— **Ajudai-nos, ó Mãe querida, a sermos uma Igreja missionária e sempre fiel ao Evangelho!**
L.: Revesti, Senhora Aparecida, nosso coração e nossa existência da ternura do Evangelho, que nos faz caminhar na força da união, da solidariedade e comunhão, na fraternidade e no amor sem exclusão.
— **Como vós saístes de Nazaré, ó Maria, e fostes à casa de Isabel, em um êxodo solidário e servidor, fazei-nos também praticar esse mesmo amor. Amém!**

(Entrada da Palavra)

3. Maria se reveste da Palavra
P.: Maria, vós, que jamais vos acomodastes diante da grandiosidade de vossa missão, fazei-nos buscar em nossos dias o Jardim do Éden, refazendo nossas esperanças no Deus da vida, que deseja nossa realização.
— **Queremos, ó Maria, encontrar a Terra Prometida, o lugar da vida, da concórdia e alegria!**
P.: Maria, ajudai-nos a compreender a caminhada do povo de Israel de outrora, para vivermos o projeto do novo Israel agora, servindo de modo destemido os que andam oprimidos.
— **Fazei-nos, ó Maria, com nosso êxodo em cada dia, alcançar a terra que nos foi destinada para viver na liberdade e servir ao Senhor. Amém!**

(Entronização e incensação da Imagem. Durante a incensação, silêncio orante. Em seguida, cantam-se os "Louvores a Maria".)

P.: Reunidos para celebrar nossa fé junto de vós, ó Maria, esperamos encontrar vossa presença e proteção em nossa caminhada no chão duro da estrada da vida, e alcançar a Terra Prometida.
— **Maria, despertai-nos em cada dia para o êxodo desta vida. Fazei-nos encontrar a paz e a liberdade que tanto desejamos e esperamos. Amém!**
— Ó Maria e Mãe dos caminhantes.
Maria, clamamos a vós!
— Revesti-nos da coragem profética.
— Revesti-nos de amor e de esperança.
Lá no céu, rogai a Deus por nós!

— Ó Senhora dos pobres e peregrinos.
Maria, clamamos a vós!
— Dai-lhes a força da esperança.
— Afastai-nos de toda opressão.
Lá no céu, rogai a Deus por nós!
— Ó Santa e Mãe Aparecida.
Maria, clamamos a vós!

— Guardai e protegei nossas Famílias.
—Firmai-nos na concórdia e na paz.
Lá no céu, rogai a Deus por nós!

P.: Fortalecidos, ó Mãe, pela certeza de vossa presença maternal, ajudai-nos a aprender a Palavra e colocá-la a serviço da esperança, em nosso mundo dilacerado por discórdias, egoísmos e autossuficiências. Fazei-nos cultivar um coração carregado de bondade e misericórdia, de diálogo e acolhimento, sem discriminação.
— **Fazei-nos, ó Mãe, realizar nosso êxodo em Comunidade para alcançar o Reino de Cristo. Amém!**

4. A Palavra nos ilumina
P.: Maria, vosso jeito de acolher e viver a Palavra do Senhor nos interroga e nos faz olhar com mais profundidade para o horizonte humanizador da esperança e da solidariedade.
— **Fazei-nos realizar nosso êxodo, procurando romper os laços da maldade e da violência, da injustiça e da ganância.**
P.: Deus se fez próximo, muito próximo de vós, ó Maria. Ele encontrou morada em vosso coração. E vós fizestes o decidido êxodo, indo a Ain Karim para ajudar Isabel, tão necessitada de vossa presença e ajuda.
— **É de Deus sempre quem se põe a caminho para ajudar quem precisa de apoio e compreensão. Amém!**

— Cântico à Palavra de Deus
— Anúncio - **Maria visita Isabel**
– Lc 1,39-45

[39]Naqueles dias, Maria partiu em viagem, indo às pressas para a região montanhosa, para uma cidade da Judeia. [40]Entrou na casa de Zacarias e cumprimentou Isabel. [41]Logo que Isabel ouviu a saudação de Maria, o menino saltou em seu seio, e Isabel ficou cheia do Espírito Santo [42]e exclamou em alta voz: "Tu és bendita entre as mulheres e bendito é o fruto de teu ventre! [43]E como me é dado que venha a mim a mãe de meu Senhor? [44]Pois assim que chegou a meus ouvidos a voz de tua saudação, o menino saltou de alegria em meu seio. [45]Bem-aventurada aquela que acreditou que se cumpriria o que lhe foi dito da parte do Senhor!"

— Meditação (Pregação, Mensagem)

5. Caridade: Êxodo da vida
L.: Com vossa força materna, ó Maria, vamos viver, com empenho e dedicação, a Palavra de nossa salvação. Não permitais que sejamos indiferentes, praticando uma fé descompromissada
— **com a realidade dos incontáveis sofredores de nossa pátria!**
L.: Feliz, ó Maria, quem em nome de Cristo dispensa todos os aparatos de segurança e não tem medo de se achegar bem perto do povo; quem prefere estar junto do rebanho, em vez de esconder-se nos palácios ebúrneos.
— **O êxodo que agrada ao Senhor é acolher o Evangelho e vivê-lo na fidelidade do amor!**
L.: Fermentai nossas Comunidades com a paixão profética e audácia destemida, ó Senhora Aparecida, para que acabem os

A Jornada Bíblica é um projeto de Deus para as Famílias!

A grandiosa **obra das fachadas** de entrada do Santuário Nacional, quando prontas, nos farão ver a beleza que é a Palavra de Deus em nossas vidas. Atualmente estamos regularizando as fachadas, que com a ação do tempo estavam se deteriorando, para a colocação das **80 cenas em mosaicos** representando passagens bíblicas. Ajude-nos nesta bonita missão evangelizadora.
Contamos com sua doação. Saiba mais entrando em contato com a Família Campanha dos Devotos.

0300 2 10 12 10
/campanhadevotos
A12.com/jornada
/campanhadosdevotos

Maria, ó Mãe cheia de graça

Imagem Fac-símile 38cm
Réplica da imagem encontrada no Rio Paraíba em 1717. Produzida em resina maciça com manto bordado à mão, coroa e broche banhados a ouro.

Coroa Oficial
Diâmetro aprox.: 10 cm
Réplica da coroa doada pela Princesa Isabel, em 1884. Banhada a ouro com pedras de zircônia e strass.

Terço Oficial
Terço em liga especial e contas de terracota, mesmo material da imagem original (também disponível na opção banhada a prata).

Réplica Oficial

Ligue: 0300 2 10 12 10
ou acesse www.A12.com/loja

/lojasantuarionacional
@lojaoficialsantuario
e receba seus produtos em casa!

LOJA OFICIAL
SANTUÁRIO NACIONAL

*Imagens meramente ilustrativas. Estoque limitado. Parcelamento varia de acordo com a bandeira do cartão. Preço sob consulta.

LIVRARIA SANTUÁRIO

Presentes que ajudam a *fortalecer a sua devoção*

Camisetas a partir de **R$24,90** cada

Cadernos **R$19,90** cada

Caderno de notas **R$19,90** cada

Bloco de notas **R$15,00** cada

Salmos **R$5,00** cada

/livrariasantuariooficial

12
DIA ORACIONAL
MARIANO

No **dia 12** de cada mês, nós todos temos um encontro especial. É dia de celebrar junto com **Nossa Senhora o Dia Oracional Mariano.**

Um dia inteirinho para ficarmos na companhia da Mãe Aparecida.

Siga nossas redes socias para ficar por dentro de tudo o que acontece no Dia Oracional Mariano.

- @familiadosdevotos
- @santuarionacional
- @campanhadosdevotos
- campanhadosdevotos.com

Campanha dos Devotos

📞 0300 2 10 12 10

arraiais da discórdia, injustiça e divisão, e a solidariedade encontre seu lugar em nossa nação. E agora, ó Maria, acolhei nosso gesto de amor ao irmão,
— **é pequeno, mas na força da união, será transformador como o pouco de fermento na massa do pão. Amém!**

(Procissão da Caridade – Oferta dos Alimentos)

BENDIZER
A Família dialoga com o Senhor

6. Realização da Aliança
L.: Como é bom e belo saber que o Cristo não tem nenhum receio de se fazer nosso alimento, realizando conosco a plena comunhão do amor, que é eterno e não pode ser explicado pela razão.
— **Revesti-nos, ó Redentor, de vosso amor sem-fim, que nos liberta e nos salva!**
L.: Tirai de nós a mediocridade, a indiferença, a tristeza e a apatia, e colocai-nos, ó Maria, no caminho de vosso Filho, que nos faz vencer as instituições da solidão, da indiferença e frieza,
— **e nos faz ser uma Igreja em êxodo, de encontro, de diálogo e aberta para o novo que nos desafia!**
L.: Com amor vos acolhemos, ó Jesus, presente no mistério da Eucaristia. Vós sois nosso Deus, que, no extremo de vosso amor, vos fizestes o Pão da eternidade presente em nossa humanidade.
— **Vinde, Jesus, pois queremos nos sentar em vossa mesa de paz, de liberdade, de solidariedade e eternidade. Amém!**

(Entronização, Exposição e Adoração do Santíssimo)

7. Pão em todas as Mesas
(Oração Congresso Eucarístico – Antes do cântico "Tão Sublime")
— Ó Salvador do Mundo, no deserto, Deus Pai alimentou o povo com o maná e preparou em sua bondade uma mesa para o pobre. Fazei que, neste Congresso Eucarístico Nacional, ao celebrarmos o mistério da Palavra que se fez carne e Pão da vida, vivamos em vós a comunhão e a partilha de nosso pão de cada dia,
— **para que não haja necessitados entre nós.**
— Vós, cheio de compaixão, tomastes o pão, destes graças e o distribuístes à multidão com fome. E, para permanecer entre nós o sacrifício da Nova Aliança,
— **na última ceia, mandastes que o celebrássemos em memória de vós.**
— Concedei-nos que, ao participar do banquete do vosso Corpo e do vosso Sangue e adorando vossa presença na Eucaristia,
— **continueis vossa ação, em nós e por meio de nós, para que haja pão em todas as mesas.**
— À luz do Espírito Santo, pelo qual realizais hoje o memorial da vossa Páscoa na Igreja, façamos a opção evangélica pelos pobres, como consequência da fé que age pela caridade, e saiamos, com a Virgem Maria, proclamando que Deus saciou de bens os famintos,
— **oferecendo a todos vossa vida, pelo anúncio alegre do Evangelho. Amém.**

Bênção do Santíssimo
(Cântico "Tão Sublime", p. 2)

> **IDE – EVANGELIZAI!**
> *A Família unida evangeliza*

8. Consagrar a vida
P.: Maria, vós experimentastes a dureza do exílio, pois o malvado Herodes perseguia o Menino de vós nascido. Tinha medo de perder o poder, como muitas pessoas têm em nossos dias, e vós nos ensinais
— **que não há poder maior do que servir e amar!**
P.: Bem sabeis, ó Mãe Aparecida, que há êxodos forçados de pessoas e famílias, nossos irmãos, em busca do pão, em busca da vida e da dignidade, que foi ferida e até perdida.
— **Amparai, ó Mãe, os que buscam sobreviver com dignidade e derrubai os orgulhosos e corruptos de seus tronos humanos. Amém!**

(Consagração a Nossa Senhora, p. 4)

9. Oferta das Flores
L.: Não há poder maior do que o de uma flor, pois não há nela nenhuma maldade, por menor que seja,
— **ela deseja apenas perfumar, enfeitar e alegrar quem nela tocar!**
L.: Que bom seria, ó Maria, se nossa sociedade transformasse em jardins os "campos de guerra" das ruas e praças de nossas cidades.
— **E as crianças e jovens pudessem viver na plena liberdade, abraçando seu futuro com alegria!**
L.: Ó Mãe Aparecida, nós precisamos de vossa ajuda e presença amiga, para transformar as armas da amargura, tristeza e morte em instrumentos que produzem a solidariedade, a união e a alegria da vida.
— **Convosco, ó Maria, vamos fazer o êxodo da Terra da maldade e alcançar a Terra sem Males. Amém!**

10. Agradecimentos

11. Envio Missionário
P.: Todos nós, que nos unimos neste dia em Cristo e com Maria, sejamos um povo revestido da Palavra. Brilhem sobre a Família dos Devotos a alegria e a esperança, como as estrelas do céu... Que a mão do Senhor pouse suavemente sobre a vida e o coração de vocês e os faça fortes na fé... Procurem a cada dia o rosto do Senhor, para que Ele lhes abra os tesouros da sabedoria e os encha de amor transformador... Que a luz do Senhor ilumine a vida de vocês e lhes dê a paz... Que Ele os guarde na palma de sua mão e os abençoe.
— **Amém! Assim seja!**
P.: Vão e anunciem com fervor e alegria, com amor e compaixão, com a vida e o testemunho, o Evangelho libertador de Cristo, nosso Senhor.
— **Amém! Assim seja!**
P.: A festa da vida continua! Permaneçamos na paz de Jesus e na proteção da Senhora Aparecida.
— **Ó Santa Mãe Aparecida, fazei-nos ser uma Igreja em saída missionária. Amém!**

(Homenagem do povo – Entrega das Flores)

7º Dia:

Com Maria, sempre em êxodo missionário!

ACOLHER
Somos a Família reunida

(Procissão de Entrada)

1. Início orante

P.: Em nome do Pai † e do Filho e do Espírito Santo.
— **Amém!**
P.: Maria, vós que sois a Imaculada Conceição, nós vos saudamos com fervor e gratidão. Maria, estamos reunidos em Família, em Comunidade, como Igreja, da qual sois Mãe bendita. Vós, que cumprindo a vontade divina vos revestistes da bondade e da misericórdia do Senhor, fazei-nos ser uma Família com o mesmo penhor, com o mesmo ardor de fé e de amor.
— **Ave, ó Maria, ó cheia de graça, ó bendita entre todas as mulheres da terra, o Senhor é convosco!**
P.: Em vosso Sim resoluto tornastes vosso seio fecundo, gerando o Salvador da humanidade, o novo Moisés, Jesus, o Messias esperado, realização da nova Páscoa, da Aliança eterna de amor. Vós vos fizestes o mais pleno vazio para vos revestirdes da vontade e da Palavra do Pai.
— **Eis aqui a serva do Senhor. Realize-se em mim sua vontade, sua Palavra!**
P.: Senhora Aparecida, vós fostes apaixonada por Deus, por isso sois a Mulher de todos os tempos, de Nazaré, de Belém, de todos os lugares. É inesquecível o dia e a hora em que dissestes: "Eis aqui a serva do Senhor". E o Verbo eterno do Pai tornou-se a Palavra viva, encarnada, presente em nossa história, e vós fostes a primeira a vos revestirdes de sua Palavra libertadora e redentora.
— **Por Maria, o Verbo eterno do Pai fez sua morada em nós!**
P.: Bendita sejais, ó Maria, Mariama de todas as raças e línguas! Como Família e cheios de devoção, dai-nos um coração puro, com os mesmos sentimentos de Jesus. Modelai nosso coração para que seja sempre revestido do verdadeiro amor cristão e assim alcancemos a salvação.
— **Fazei-nos, ó Maria, ser vossa Família, revestida da Palavra de Jesus, vosso Filho, e assim viveremos a mais bela poesia do mais belo Amor, Jesus, nosso Senhor. Amém!**

> **OUVIR**
> *Como Família ouvimos o Senhor*

2. A Palavra nos reveste

P.: Maria, vós não resististes ao anúncio do Anjo Gabriel, naquele dia, em Nazaré. Também os primeiros chamados por Cristo não resistiram à voz do Cristo nem pararam para pensar

— e imediatamente se puseram a segui-lo!

L.: Como é bonito, ó Maria, aqueles que se revestem da bela ousadia de abraçar a verdade de Cristo e se põem a anunciar pelo testemunho e serviço, pelo diálogo e anúncio,

— o Evangelho da vida e de nossa redenção, em nossas Comunidades e a cada coração humano!

L.: Maria, vós que sois o modelo de Evangelho, despertai nossa vocação de discípulos destemidos da Boa Notícia da Salvação

— e ajudai os cristãos, como Família, a viverem na perfeita comunhão e em plena união!

L.: Libertai-nos, ó Senhora bendita, do isolamento e da indiferença, e atraí para vós nosso olhar, que vem nos inspirar a coragem da profecia e do anúncio do Evangelho libertador.

— Ó Mãe, ajudai-nos a ser de verdade missionários da copiosa redenção. Vós quereis, sois nossa Mãe. Vós podeis, sois Mãe de Deus. Amém!

(Entrada da Palavra)

3. Maria se reveste da Palavra

P.: Maria, quando a Palavra ressoa no meio de nós, nos vêm sentimentos fortes, como aspirar ao bem, à justiça e à paz.

— A Palavra é a eternidade presente na humanidade, pois vem de Deus, plenificada de seu eterno amor!

P.: Maria, chama de amor que crepita, conduzi-nos e fortalecei-nos no caminho do encontro com o Criador, Senhor do céu e da terra.

— A Palavra do Senhor é luz em nosso caminho, é conforto para a alma, é a verdade para sempre. Amém!

(Entronização e incensação da Imagem. Durante a incensação, silêncio orante. Em seguida, cantam-se os "Louvores a Maria".)

P.: Precisamos, ó Mãe Aparecida, de vossa luz materna, para que tenhamos a inspiração necessária para viver e anunciar, cada dia, a beleza divina, pois Deus nos trata como a pupila de seus olhos.

— Ouvindo nosso clamor e nossa gratidão, ó Mãe, tornai fecundo nosso viver, e que nossa vida seja espaço de acolhida e de misericórdia. Amém!

— Ó bendita e Senhora dos pobres.
Maria, clamamos a vós!
— Revesti vosso povo na luz,
— e fazei-o amar vosso Jesus.
Lá no céu, rogai a Deus por nós!

— Ó bendita e Mãe da Igreja.
Maria, clamamos a vós!
— Revesti-nos com a força do amor,
— e guiai-nos no caminho salvador.
Lá no céu, rogai a Deus por nós!

— Ó bendita e Senhora Aparecida. **Maria, clamamos a vós!**
— Revesti de alegria os peregrinos,
— e conservai-os no amor divino. **Lá no céu, rogai a Deus por nós!**

P.: Ó Mãe do Redentor, que nos ensinais o primado da escuta da Palavra e do amor transformador, fazei que sejamos discípulos de vosso Filho e anunciadores da redenção.
— **Fazei nosso coração tão terno e bom como o vosso. Amém!**

4. A Palavra nos ilumina
P.: Maria, o maior poder do ser humano é a bondade, nascida e fundada na Palavra divina. Do mesmo modo é a misericórdia que acolhe os mais fracos e abandonados, os mais sofridos e excluídos.
— **Ouvindo a Palavra, ó Mãe querida, seremos solidários com os mais necessitados!**
P.: Por isso, ó Mãe, que tocais em nosso coração, fazei-nos compreender a grandeza do chamado divino para a pertença ao Reino de Cristo, nosso Senhor. Como cristãos acolheremos o chamado que nos faz ser discípulos muito amados.
— **Como cristãos, viveremos nosso Batismo, comprometidos com a verdade de Cristo, aqui e agora. Amém!**

— Cântico à Palavra de Deus
— Anúncio – **Missão dos Discípulos** – Lc 10,1-6.8-9.
¹O Senhor designou outros setenta e dois discípulos e mandou-os, dois a dois, a sua frente, a todas as cidades e lugares aonde ele pensava ir. ²Dizia-lhes: "A messe é grande, mas os operários são poucos; por isso, rogai ao Senhor da messe que mande mais operários para sua messe. ³Ide! Eu vos envio como cordeiros no meio de lobos. ⁴Não leveis bolsa, nem sacola, nem sandálias; e não saudeis ninguém pelo caminho. ⁵Em toda casa em que entrardes, dizei primeiro: 'Paz a esta casa!' ⁶E se lá houver quem ame a paz, vossa paz ficará com ele; do contrário, ela voltará a vós. ⁸Em toda cidade em que entrardes e fordes bem recebidos, comei o que vos for servido, ⁹curai os doentes que lá houver e dizei-lhes: 'Chegou para vós o Reino de Deus'.

— Meditação (Pregação, Mensagem)

5. Caridade: Êxodo da vida
L.: Maria, Mãe e Senhora nossa, ajudai-nos a caminhar nas sendas do Reino de Cristo, realizando seu projeto na Comunidade, que se reúne em seu nome. Que o êxodo de nossa vida sejam a fraternidade, a mútua solidariedade
— **e a preferência por aqueles que estão esquecidos entre nós ou na sociedade!**
L.: Fazei-nos crescer em nossa fé, mas também em nossa humanidade, pois se ainda não somos humanos, como poderemos ser cristãos? É desejo de Cristo que sejamos primeiro humanos, depois cristãos, buscando a santidade.
— **Vós, que fostes, ó Maria, a filha predileta do Pai, guardai nossa Família na humanidade e santidade!**

L.: Fazei-nos, ainda, ó Mãe, despojar-nos de nossos "estilos e padrões religiosos", que nos deixam insensíveis à dor e ao direito de tantos irmãos de viverem dignamente. Despojai-nos de nossas estruturas que não abraçam
— **a misericórdia, a caridade, a fraternidade, o acolhimento e a solidariedade. Amém!**

(Procissão da Caridade – Oferta dos Alimentos)

> **BENDIZER**
> *A Família dialoga com o Senhor*

6. Realização da Aliança
L.: Ó Senhora Aparecida, somos a Família de vosso Filho e vós sois nossa Mãe. Há sentimentos bons em nosso coração, mas nos falta muito ainda para sermos a Família por Ele esperada.
— **Contamos com vossa graça, ó Maria, de nos estender vossas mãos e fazer-nos andar na direção certa!**
L.: Como podemos ser irmãos, se há crianças com fome, idosos abandonados e jovens expostos ao mundo do crime? Como ser irmãos, se há quem tira proveito dos mais pobres e não se preocupa com a corrupção?
— **É preciso fazer o êxodo pelo deserto de nosso próprio ser, muitas vezes, tão pouco cristão!**
L.: Apesar de tudo, ó Maria, temos a esperança de poder contar com a misericórdia divina e um dia poder cantar hosanas sem-fim, porque o mundo alcançou o que Cristo plantou e entre nós frutificou.

— **Vinde, ó Deus da vida, presente na Eucaristia e que vos dais em comunhão por amor e para nos fazer irmãos. Amém!**

(Entronização, Exposição e Adoração do Santíssimo)

7. Pão em todas as Mesas
(Oração Congresso Eucarístico – Antes do cântico "Tão Sublime")
— Ó Salvador do Mundo, no deserto, Deus Pai alimentou o povo com o maná e preparou em sua bondade uma mesa para o pobre. Fazei que, neste Congresso Eucarístico Nacional, ao celebrarmos o mistério da Palavra que se fez carne e Pão da vida, vivamos em vós a comunhão e a partilha de nosso pão de cada dia,
— **para que não haja necessitados entre nós.**
— Vós, cheio de compaixão, tomastes o pão, destes graças e o distribuístes à multidão com fome. E, para permanecer entre nós o sacrifício da Nova Aliança,
— **na última ceia, mandastes que o celebrássemos em memória de vós.**
— Concedei-nos que, ao participar do banquete do vosso Corpo e do vosso Sangue e adorando vossa presença na Eucaristia,
— **continueis vossa ação, em nós e por meio de nós, para que haja pão em todas as mesas.**
— À luz do Espírito Santo, pelo qual realizais hoje o memorial da vossa Páscoa na Igreja, façamos a opção evangélica pelos pobres, como consequência da fé que age pela caridade, e saiamos, com a Virgem Maria,

proclamando que Deus saciou de bens os famintos,

— oferecendo a todos vossa vida, pelo anúncio alegre do Evangelho. Amém.

Bênção do Santíssimo
(Cântico "Tão Sublime", p. 2)

> **IDE – EVANGELIZAI!**
> *A Família unida evangeliza*

8. Consagrar a vida

P.: Ó Mãe de Cristo, nosso Salvador, fizestes o êxodo missionário, indo ao encontro de Isabel, pois ali estava quem de vós necessitava. Fostes, naquele momento, a Serva Servidora, pois fostes solidária.

— **Sim, ó Mãe, afastai de nós qualquer acomodação, que não nos deixa ir ao encontro do irmão!**

P.: Guardai em vosso coração santo e bendito os que anunciam, com fervor e dedicação, o Evangelho libertador, que traz a vida aos excluídos e acolhe os marginalizados.

— **Sim, ó Mãe, fazei-nos realizar o êxodo de nós mesmos, para fazermos a experiência das maravilhas de Deus. Amém!**

(Consagração a Nossa Senhora, p. 4)

9. Oferta das Flores

L.: Ó bela flor, nascida no jardim e cultivada com amor, que não tendes medo de ser peregrina, enfeitando a mesa do altar ou manifestando amor na hora da dor,

— **ou fazendo transbordar alegria na vida da mamãe e da criança recém-nascida...**

L.: Vós, ó bela criatura, não tendes medo de fazer o êxodo, seja qual for,

— **pois desejais apenas cumprir vossa missão, enfeitando, consolando, alegrando...**

L.: Por isso, ó Mãe, tão santa e serena, tão humilde e tão bela, aceitai nosso gesto de gratidão,

— **o de colocar bem perto de vossa Imagem nossas flores e nossos sentimentos bons. Amém!**

10. Agradecimentos

11. Envio Missionário

P.: Todos nós que nos unimos neste dia em Cristo e com Maria, sejamos um povo revestido da Palavra. Brilhem sobre a Família dos Devotos a alegria e a esperança, como as estrelas do céu... Que a mão do Senhor pouse suavemente sobre a vida e o coração de vocês e os faça fortes na fé... Procurem a cada dia o rosto do Senhor, para que Ele lhes abra os tesouros da sabedoria e os encha de amor transformador... Que a luz do Senhor ilumine a vida de vocês e lhes dê a paz... Que Ele os guarde na palma de sua mão e os abençoe.

— **Amém! Assim seja!**

P.: Vão e anunciem com fervor e alegria, com amor e compaixão, com a vida e o testemunho, o Evangelho libertador de Cristo, nosso Senhor.

— **Amém! Assim seja!**

P.: A festa da vida continua! Permaneçamos na paz de Jesus e na proteção da Senhora Aparecida.

— **Ó Santa Mãe Aparecida, fazei-nos ser uma Igreja em saída missionária. Amém!**

(Homenagem do povo – Entrega das Flores)

8º Dia:

Com Maria, revestir-se de Jesus, Palavra encarnada!

ACOLHER
Somos a Família reunida

(Procissão de Entrada)

1. Início orante

P.: Em nome do Pai † e do Filho e do Espírito Santo.
— **Amém!**
P.: Maria, vós que sois a Imaculada Conceição, nós vos saudamos com fervor e gratidão. Maria, estamos reunidos em Família, em Comunidade, como Igreja, da qual sois Mãe bendita. Vós, que cumprindo a vontade divina vos revestistes da bondade e da misericórdia do Senhor, fazei-nos ser uma Família com o mesmo penhor, com o mesmo ardor de fé e de amor.
— **Ave, ó Maria, ó cheia de graça, ó bendita entre todas as mulheres da terra, o Senhor é convosco!**
P.: Em vosso Sim resoluto tornastes vosso seio fecundo, gerando o Salvador da humanidade, o novo Moisés, Jesus, o Messias esperado, realização da nova Páscoa, da Aliança eterna de amor. Vós vos fizestes o mais pleno vazio para vos revestirdes da vontade e da Palavra do Pai.
— **Eis aqui a serva do Senhor. Realize-se em mim sua vontade, sua Palavra!**
P.: Senhora Aparecida, vós fostes apaixonada por Deus, por isso sois a Mulher de todos os tempos, de Nazaré, de Belém, de todos os lugares. É inesquecível o dia e a hora em que dissestes: "Eis aqui a serva do Senhor". E o Verbo eterno do Pai tornou-se a Palavra viva, encarnada, presente em nossa história, e vós fostes a primeira a vos revestirdes de sua Palavra libertadora e redentora.
— **Por Maria, o Verbo eterno do Pai fez sua morada em nós!**
P.: Bendita sejais, ó Maria, Mariama de todas as raças e línguas! Como Família e cheios de devoção, dai-nos um coração puro, com os mesmos sentimentos de Jesus. Modelai nosso coração para que seja sempre revestido do verdadeiro amor cristão e assim alcancemos a salvação.
— **Fazei-nos, ó Maria, ser vossa Família, revestida da Palavra de Jesus, vosso Filho, e assim viveremos a mais bela poesia do mais belo Amor, Jesus, nosso Senhor. Amém!**

OUVIR
Como Família ouvimos o Senhor

2. A Palavra nos reveste

P.: Maria, Virgem pura e sem mancha, sois para nós uma Escola

contínua da fé. Vós nos guiais e nos fortaleceis no caminho que nos leva ao encontro de Cristo, o Filho do eterno Pai,
— **Palavra viva e encarnada, que fez sua morada no meio de nós, para nos resgatar para a vida!**
L.: Ó Maria, vós sois nossa fonte de inspiração, pois nos manifestais a ternura divina. Quando nos aproximamos de vós, sentimos a alegria da presença de Cristo,
— **pois nos fazeis contemplar seu amor misericordioso e redentor!**
L.: Ninguém poderá caminhar, Senhora nossa, sem vossa luz, pois assim não temos Jesus, a Palavra encarnada, o Verbo eterno que veio dissipar as trevas presentes no coração humano.
— **Ele mesmo é a Luz que não se apaga jamais, onde encontramos a vida e a eternidade sem-fim.**
L.: Sim, ajudai-nos, ó Maria, a olhar o mundo com os olhos da fé, pois eles nos fazem enxergar para muito além, bem lá onde está o tesouro escondido, o tesouro da vida, o tesouro do Reino.
— **Assim, ó Mãe, vivendo o Evangelho na realidade em que nos encontramos, seremos a resposta que o mundo espera e deseja. Amém!**

(Entrada da Palavra)

3. Maria se reveste da Palavra

P.: Maria, vossa vida foi tecida com os fios das Escrituras Sagradas e revestida com a verdade do Evangelho. Por isso, nós vos veneramos, pois falais e pensais conforme a Palavra encarnada, e vossos pensamentos estão no coração do Pai e do Filho.
— **Revesti-nos, ó Maria, dessa Palavra bendita e encarnada, que nos revela o quanto Deus nos ama!**
P.: Vós, que fostes completamente impregnada pela Palavra divina, podeis ser a Mãe da Palavra encarnada, e tendes a força necessária para nos fazer compreender
— **que é possível ser feliz, mesmo nas lutas exigentes da vida, se a Palavra tiver em nós seu lugar. Amém!**

(Entronização e incensação da Imagem. Durante a incensação, silêncio orante. Em seguida, cantam-se os "Louvores a Maria".)

P.: Diante de vossa Imagem tão pequenina, ó Mãe Aparecida, aprendemos a nobre lição: Perante Deus, devemos ser todos humildes! Por isso, ó Senhora, como Família vos louvamos agradecidos por serdes nosso exemplo e nosso amparo.
— **Maria, assim como em Caná da Galileia, fazei-nos obedecer, cada dia, a vosso Filho Jesus. Amém!**
— Ó Mãe do Verbo eterno.
Maria, clamamos a vós!
— Revesti-nos da força de Cristo.
— Revesti-nos da Palavra encarnada.
Lá no céu, rogai a Deus por nós!

— Ó Mãe tão santa e imaculada.
Maria, clamamos a vós!
— Despertai os corações adormecidos.
— Conservai-nos na força da união.
Lá no céu, rogai a Deus por nós!

— Ó Mãe Aparecida nas águas.
Maria, clamamos a vós!
— Revesti as Famílias com a paz.
— Guardai os jovens e as crianças.
Lá no céu, rogai a Deus por nós!

P.: Nosso coração pulsa forte, ó Mãe do Redentor, por saber que vós fostes a escolhida do Pai para nos trazer Jesus, o Verbo eterno encarnado entre nós. A vós nossa confiança, gratidão, ó Mãe querida dos pobres e dos nobres, de todos os viventes.
— **Sejam bem-aventurados, ó Mãe, os que praticam a justiça e se entregam à causa do Reino, seguindo vosso exemplo. Amém!**

4. A Palavra nos ilumina

P.: Maria, vós bem conheceis o que nos diz a Palavra. Ajudai-nos a abaixar o volume de nossa voz, até mesmo nos silenciar, para escutar a voz do divino no humano,
— **assim nosso humano se divinize, vivendo o Evangelho da encarnação do amor e da misericórdia!**
P.: Ó Mãe, vosso Filho podia manifestar-se na terra com sua glória divina, mas preferiu parecer em um homem comum, bem diferente de Adão, que, de simples homem, quis tornar-se igual a Deus.
— **Jesus tornou-se humano para nos fazer compreender como é grande o mistério de seu amor redentor. Amém!**

— Cântico à Palavra de Deus
— Anúncio – **Cristo humilhado –** Fl 2,5-11
[5]Tende em vós os mesmos sentimentos de Cristo Jesus: [6]apesar de sua condição divina, ele não reivindicou seu direito de ser tratado como igual a Deus. [7]Ao contrário, aniquilou-se a si mesmo e assumiu a condição de servo, tornando-se semelhante aos homens. [8]Por seu aspecto, reconhecido como homem, humilhou-se, fazendo-se obediente até a morte, e morte de cruz. [9]Por isso Deus o elevou acima de tudo e lhe deu o Nome que está acima de todo nome, [10]de modo que ao nome de Jesus todo joelho se dobre nos céus, na terra e debaixo da terra, [11]e toda língua proclame que Jesus Cristo é o Senhor, para a glória de Deus Pai.

— Meditação (Pregação, Mensagem)

5. Caridade: Êxodo da vida

L.: Mãe de Jesus, iluminai com vossa santidade nossos pensamentos e nossas atitudes, esvaziando-nos a nós mesmos de nossas ideias e de tantas coisas, às quais estamos apegados.
— **Temos tanto a aprender de vosso Jesus, ó Mãe, pois Ele esvaziou-se de si mesmo e não reivindicou nenhum direito!**
L.: Revesti-nos, ó Nossa Senhora, da santa ousadia de ir ao encontro da vida e inflamar-nos de tanta paixão pela causa do Reino, pela encarnação de Jesus, nosso Senhor, fazendo-nos ouvir como cristãos
— **o eco da sede de vida e de acolhida dos irmãos, que precisam de um pouco de sentimento e coração!**
L.: Mãe Aparecida, fazei que nos avizinhemos do Deus da vida, do

Deus encarnado, humanizado. Ajudai-nos a amar Jesus, o Verbo eterno encarnado, que fez da vida seu Templo de amor.
— **Longe de nós, ó Maria, os farisaísmos que geram falsidades e não nos deixam viver na autenticidade e simplicidade, a exemplo de Jesus. Amém!**

(Procissão da Caridade – Oferta dos Alimentos)

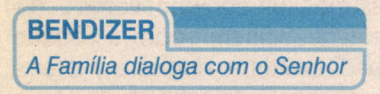

BENDIZER
A Família dialoga com o Senhor

6. Realização da Aliança
L.: Maria, vosso Filho veio realizar a plena Aliança com a humanidade, pois esta era a vontade do Pai. E bem sabemos, Mãe querida, que não há nada nesta vida que causa mais alegria
— **do que nos encontrarmos como irmãos, ao redor da mesa do altar ou da refeição!**
L.: Nesta hora de plena alegria, que nossa Família, reunida em casa ou na Comunidade, sinta a beleza e a grandeza do encontro, porque foi rompido o classismo, que separa e marginaliza,
— **e romperam-se os laços do egoísmo e da ganância, que humilham, desprezam e matam!**
L.: Revesti-nos, ó Maria, da força e da coragem da profecia que gera a vida, o encontro e a transformação, onde nos sentindo irmãos
— **damo-nos as mãos e vamos construindo, aqui e agora, a verdade de Cristo. Amém!**

(Entronização, Exposição e Adoração do Santíssimo)

7. Pão em todas as Mesas
(Oração Congresso Eucarístico – Antes do cântico "Tão Sublime")
— Ó Salvador do Mundo, no deserto, Deus Pai alimentou o povo com o maná e preparou em sua bondade uma mesa para o pobre. Fazei que, neste Congresso Eucarístico Nacional, ao celebrarmos o mistério da Palavra que se fez carne e Pão da vida, vivamos em vós a comunhão e a partilha de nosso pão de cada dia,
— **para que não haja necessitados entre nós.**
— Vós, cheio de compaixão, tomastes o pão, destes graças e o distribuístes à multidão com fome. E, para permanecer entre nós o sacrifício da Nova Aliança,
— **na última ceia, mandastes que o celebrássemos em memória de vós.**
— Concedei-nos que, ao participar do banquete do vosso Corpo e do vosso Sangue e adorando vossa presença na Eucaristia,
— **continueis vossa ação, em nós e por meio de nós, para que haja pão em todas as mesas.**
— À luz do Espírito Santo, pelo qual realizais hoje o memorial da vossa Páscoa na Igreja, façamos a opção evangélica pelos pobres, como consequência da fé que age pela caridade, e saiamos, com a Virgem Maria, proclamando que Deus saciou de bens os famintos,
— **oferecendo a todos vossa vida, pelo anúncio alegre do Evangelho. Amém.**

Bênção do Santíssimo
(Cântico "Tão Sublime", p. 2)

IDE – EVANGELIZAI!
A Família unida evangeliza

8. Consagrar a vida
P.: Maria, vós carregastes em vosso seio o Verbo eterno do Pai. Depois o plantastes em vosso coração e o seguistes com todo o ardor missionário, vosso Filho, o Verbo eterno do Pai, encarnado entre nós.
— **Ele é a Palavra definitiva de toda a História da Salvação!**
P.: Em vossas mãos, ó Mãe querida e Senhora nossa, colocamos nossa vida, pois queremos e esperamos caminhar com vosso Jesus, como vós caminhastes,
— **e nos revestir, cada dia, da compaixão e da ternura divinas, alimentados pela Palavra que nos sustenta nesta caminhada para o céu. Amém!**

(Consagração a Nossa Senhora, p. 4)

9. Oferta das Flores
L.: Ó flores benditas, que rompeis os muros da divisão, entre povos, nações e cristãos, perfumai nossas mãos,
— **que desejam humanizar o que foi desumanizado pela violência e opressão!**
L.: Flores benditas que nasceis nos castelos e nas periferias, no cimo das montanhas ou nas escarpas vertiginosas, pois, quem deseja transformar o que está ferido
— **não pergunta se estamos na alta sociedade ou nos recantos do mundo!**
L.: Assim, ó Maria, acolhendo nossas flores, acolhei nosso sonho de ver o mundo vivendo a Palavra encarnada e por ela transformado.
— **É o que desejamos fazer para que aconteça o mundo tão esperado. Amém!**

10. Agradecimentos

11. Envio Missionário
P.: Todos nós, que nos unimos neste dia em Cristo e com Maria, sejamos um povo revestido da Palavra. Brilhem sobre a Família dos Devotos a alegria e a esperança, como as estrelas do céu... Que a mão do Senhor pouse suavemente sobre a vida e o coração de vocês e os faça fortes na fé... Procurem a cada dia o rosto do Senhor, para que Ele lhes abra os tesouros da sabedoria e os encha de amor transformador... Que a luz do Senhor ilumine a vida de vocês e lhes dê a paz... Que Ele os guarde na palma de sua mão e os abençoe.
— **Amém! Assim seja!**
P.: Vão e anunciem com fervor e alegria, com amor e compaixão, com a vida e o testemunho, o Evangelho libertador de Cristo, nosso Senhor.
— **Amém! Assim seja!**
P.: A festa da vida continua! Permaneçamos na paz de Jesus e na proteção da Senhora Aparecida.
— **Ó Santa Mãe Aparecida, fazei-nos ser uma Igreja em saída missionária. Amém!**

(Homenagem do povo – Entrega das Flores)

9º Dia

Com Maria, ser fiel à Palavra de Deus hoje e sempre!

ACOLHER
Somos a Família reunida

(Procissão de Entrada)

1. Início orante
P.: Em nome do Pai † e do Filho e do Espírito Santo.
— **Amém!**
P.: Maria, vós que sois a Imaculada Conceição, nós vos saudamos com fervor e gratidão. Maria, estamos reunidos em Família, em Comunidade, como Igreja, da qual sois Mãe bendita. Vós, que cumprindo a vontade divina vos revestistes da bondade e da misericórdia do Senhor, fazei-nos ser uma Família com o mesmo penhor, com o mesmo ardor de fé e de amor.
— **Ave, ó Maria, ó cheia de graça, ó bendita entre todas as mulheres da terra, o Senhor é convosco!**
P.: Em vosso Sim resoluto tornastes vosso seio fecundo, gerando o Salvador da humanidade, o novo Moisés, Jesus, o Messias esperado, realização da nova Páscoa, da Aliança eterna de amor. Vós vos fizestes o mais pleno vazio para vos revestirdes da vontade e da Palavra do Pai.
— **Eis aqui a serva do Senhor. Que se realize em mim sua vontade, sua Palavra!**
P.: Senhora Aparecida, vós fostes apaixonada por Deus, por isso sois a Mulher de todos os tempos, de Nazaré, de Belém, de todos os lugares. É inesquecível o dia e a hora em que dissestes: "Eis aqui a serva do Senhor". E o Verbo eterno do Pai, tornou-se a Palavra viva, encarnada, presente em nossa história, e vós fostes a primeira a vos revestirdes de sua Palavra libertadora e redentora.
— **Por Maria, o Verbo eterno do Pai fez sua morada em nós!**
P.: Bendita sejais, ó Maria, Mariama de todas as raças e línguas! Como Família e cheios de devoção, dai-nos um coração puro, com os mesmos sentimentos de Jesus. Modelai nosso coração para que seja sempre revestido do verdadeiro amor cristão e assim alcancemos a salvação.
— **Fazei-nos, ó Maria, ser vossa Família, revestida da Palavra de Jesus, vosso Filho, e assim viveremos a mais bela poesia do mais belo Amor, Jesus, nosso Senhor. Amém!**

OUVIR
Como Família ouvimos o Senhor

2. A Palavra nos reveste
P.: Senhora Aparecida, neste dia, vamos lembrar o quanto é indis-

pensável a fidelidade a Cristo, à Igreja missionária e em saída, à Comunidade e a nós mesmos.
— **Ó Maria, como é grande a alegria da fidelidade ao Pai e a Jesus, vosso Filho!**
L.: Vós, que vos revestistes da fidelidade ao Senhor, ajudai-nos a dizer sim em nossa realidade humana, mesmo que seja exigente o caminho, que nos faz encontrar a alegria e a paz.
— **Como o sol que brilha, cada dia, nós vamos crescer, ó Maria, na fidelidade ao Senhor!**
L.: Maria, ajudai-nos a sentir os sinais novos da esperança em nossa história; que a Palavra seja a luz que ilumina e torna fiel quem busca o Senhor com sinceridade de coração.
— **Fazei-nos, ó Maria, vivermos na união e na fidelidade ao Evangelho!**
L.: Assim, ó Mãe querida, iluminados pela luz divina, temos a certeza de alcançar um pouco de vossa estatura
— **no amor sempre fiel que tivestes ao Senhor, em cada dia de vossa vida. Amém!**

(Entrada da Palavra)

3. Maria se reveste da Palavra
P.: Senhora Aparecida, vós, que vos revestistes da vontade do Senhor na realização de sua promessa,
— **fazei-nos descalçar nossas sandálias e também cumprir em nossa vida a vontade divina!**
P.: Ajudai-nos, ó Mãe, a permanecermos sempre longe das ideias de ser uma Igreja descomprometida e cheia de pompas, mas longe do povo e da realidade dos pobres e abandonados.
— **Fazei-nos ser uma Igreja viva, fraterna, em saída missionária, que sabe amar, consolar, repartir e lavar os pés dos mais abandonados. Amém!**

(Entronização e incensação da Imagem. Durante a incensação, silêncio orante. Em seguida, cantam-se os "Louvores a Maria".)

P.: Maria, Mãe da Fé, não queremos a esperança dos injustos, que é como a fumaça espalhada pelo vento. Queremos a esperança dos justos, que vivem para sempre, pois Deus está com eles.
— **Somos a Igreja da esperança, fundada sobre a rocha, que é o próprio Jesus. Por isso, ó Mãe, nada sem Ele e tudo com Ele. Amém!**

— Ó Mãe tão santa e fiel.
Maria, clamamos a vós!
— Livrai-nos da injustiça e do pecado.
— Revesti-nos de amor e misericórdia.
Lá no céu, rogai a Deus por nós!

— Senhora e Mãe Aparecida.
Maria, clamamos a vós!
— Guardai e protegei a Igreja.
— Revesti-nos de coragem e esperança.
Lá no céu, rogai a Deus por nós!

— Ó Mãe de Cristo Libertador.
Maria, clamamos a vós!
— Protegei as Juventude e as Famílias.

— Revesti-nos de paz e concórdia. **Lá no céu, rogai a Deus por nós!**

P.: Maria, vós que sois nossa Mãe de misericórdia, depositai sobre nós vosso amor de Mãe de misericórdia, guiando-nos, cada dia, no caminho de Jesus.
— **Tirai-nos, ó Maria, da apatia e acomodação, e fazei-nos perseverantes na humildade e na ação, junto de Jesus. Amém!**

4. A Palavra nos ilumina
P.: Maria, vosso Filho Jesus é o rosto humano do Pai. Ele se pôs do lado dos miseráveis e rejeitados. Fazei-nos ser fiéis a Cristo, tendo um coração aberto e acolhedor.
— **Fazei, Senhor, que sejamos bons samaritanos na Família, na Igreja e na Sociedade!**
P.: Ó Mãe bendita, vosso Filho vai ao encontro da ovelha desgarrada e ferida, e a consola, convidando-a para a experiência do amor eterno.
— **Jesus, fiel à sua missão, carrega no colo a ovelha desgarrada e ferida, e a liberta com sua misericórdia. Amém!**

— Cântico à Palavra de Deus
— Anúncio – **Filhos e Filhas de Deus** – Jo 10,11-18

Disse Jesus: [11]Eu sou o bom pastor. O bom pastor dá a vida pelas ovelhas. [12]O empregado, que não é pastor, pois as ovelhas não lhe pertencem, ao ver chegar o lobo, abandona as ovelhas e foge; e o lobo as arrebata e as dispersa. [13]O empregado age assim porque não se importa com as ovelhas. [14]Eu sou o bom pastor; conheço minhas ovelhas e minhas ovelhas me conhecem, [15]como o Pai me conhece e eu conheço o Pai. Eu dou minha vida por minhas ovelhas. [16]Tenho ainda outras ovelhas que não são deste aprisco; é preciso que eu as conduza também. Ouvirão minha voz, e haverá um só rebanho e um só pastor. [17]É por isso que o Pai me ama: porque dou minha vida para retomá-la de novo. [18]Ninguém pode tirá-la de mim; eu a dou livremente. Tenho poder de entregá-la e poder de retomá-la. Este é o preceito que recebi de meu Pai.

— Meditação (Pregação, Mensagem)

5. Caridade: Êxodo da vida
L.: Maria, vós, que ouvistes o clamor do povo oprimido e vos debruçastes sobre ele para o consolar, fazei-nos compreender o que dissestes na casa de Isabel:
— **Há soberbos nos tronos e pobres clamando por um pedaço de pão!**
L.: Ó Mãe bendita, há violência e corrupção, há falta de ética nos palácios da pátria. Ferir a cidadania é ferir a dignidade da vida do povo de uma nação.
— **Livrai-nos, ó Mãe, da triste acomodação, que não nos deixa compreender que a misericórdia e justiça se dão as mãos!**
L.: Mãe Aparecida, convosco somos geradores de vida e com vossa força materna somos fiéis ao projeto de Cristo, rompendo

os arraiais da escravidão e das ideias egoístas, que mutilam vidas e fecham o coração.

— **Convosco, ó Mãe, temos a força do amor e da fidelidade ao Senhor: "Derrubou dos tronos os poderosos, e aos humildes exaltou". Amém.**

(Procissão da Caridade – Oferta dos Alimentos)

> **BENDIZER**
> *A Família dialoga com o Senhor*

6. Realização da Aliança

L.: Ó Mãe querida, vosso Filho é nosso Redentor, o verdadeiro Pastor, fiel sem medida, que nos oferece seu amor todos os dias.

— **Ó Senhor, fonte da eterna vida, tirai nossa cegueira e fazei-nos compreender vossa presença em nós!**

L.: Ó Maria, o tempo é mensageiro de Deus, pois vai nos fazendo amadurecer e perceber o quanto é preciso nos amar e unir para podermos realizar nossos sonhos.

— **Sim, ó Maria, com vossa força poderemos suplantar a força das estruturas de pecado em que vivemos!**

L.: Repartir a vida e dela fazer oblação, acolher os pobres e os que estão nas periferias da vida, viver em comunhão e partilhar o pão é o que Jesus espera de cada cristão.

— **Vinde, Pão da Vida! Vinde, Deus libertador! Nós vos adoramos e vos bendizemos. Amém!**

(Entronização, Exposição e Adoração do Santíssimo)

7. Pão em todas as Mesas
(Oração Congresso Eucarístico – Antes do cântico "Tão Sublime")

— Ó Salvador do Mundo, no deserto, Deus Pai alimentou o povo com o maná e preparou em sua bondade uma mesa para o pobre. Fazei que, neste Congresso Eucarístico Nacional, ao celebrarmos o mistério da Palavra que se fez carne e Pão da vida, vivamos em vós a comunhão e a partilha de nosso pão de cada dia,

— **para que não haja necessitados entre nós.**

— Vós, cheio de compaixão, tomastes o pão, destes graças e o distribuístes à multidão com fome. E, para permanecer entre nós o sacrifício da Nova Aliança,

— **na última ceia, mandastes que o celebrássemos em memória de vós.**

— Concedei-nos que, ao participar do banquete do vosso Corpo e do vosso Sangue e adorando vossa presença na Eucaristia,

— **continueis vossa ação, em nós e por meio de nós, para que haja pão em todas as mesas.**

— À luz do Espírito Santo, pelo qual realizais hoje o memorial da vossa Páscoa na Igreja, façamos a opção evangélica pelos pobres, como consequência da fé que age pela caridade, e saiamos, com a Virgem Maria, proclamando que Deus saciou de bens os famintos,

— **oferecendo a todos vossa vida, pelo anúncio alegre do Evangelho. Amém.**

Bênção do Santíssimo
(Cântico "Tão Sublime", p. 2)

IDE – EVANGELIZAI!
A Família unida evangeliza

8. Consagrar a vida

P: Maria, nós vos saudamos, pois nos conduzis a Jesus e nos fazeis ouvir o que Ele diz. Permanecei com vossos filhos e filhas, assim eles possam revestir-se da fidelidade ao Senhor, como vós o fizestes desde sempre.

— **Ficai conosco, ó Mãe, pois a noite já vem e precisamos de vossa presença e proteção!**

P: Acompanhai nossas Famílias e todos os Devotos, principalmente na hora mais difícil e exigente, para atravessar os vales e montanhas, do nascer ao sol poente. Sustentai nossa esperança e

— **dai-nos, ó Mãe, a força de que precisamos para a fidelidade a Jesus. Amém!**

(Consagração a Nossa Senhora, p. 4)

9. Oferta das Flores

L.: Maria, Mariama de nossa pátria, nós vos contemplamos, ó Mãe do Redentor. Vós sois como o girassol,

— **que não se orgulha de sua cor de ouro que reluz, pois acompanha a Luz, que é Jesus!**

L.: Vosso Filho, ó Mãe do Céu, afaga-nos com sua ternura e nos acolhe em seu amor, estando sempre presente nas horas incertas e inclementes.

— **Ele nos faz apostar em seu amor, que nos fará vencedores, por maior que seja o desafio!**

L.: Ó Senhora Aparecida, aceitai as flores, as rosas, os crisântemos, as orquídeas, as begônias e jasmins, que exalam o perfume de um mundo novo esperado, sem superficialidades e banalidades.

— **Aceitai, Senhora, as flores que vos oferecemos, e, enquanto durar nossa vida, de vosso amor não nos esqueçamos! Amém!**

10. Agradecimentos

11. Envio Missionário

P: Todos nós, que nos unimos neste dia em Cristo e com Maria, sejamos um povo revestido da Palavra. Brilhem sobre a Família dos Devotos a alegria e a esperança, como as estrelas do céu... Que a mão do Senhor pouse suavemente sobre a vida e o coração de vocês e os faça fortes na fé... Procurem a cada dia o rosto do Senhor, para que Ele lhes abra os tesouros da sabedoria e os encha de amor transformador... Que a luz do Senhor ilumine a vida de vocês e lhes dê a paz... Que Ele os guarde na palma de sua mão e os abençoe.

— **Amém! Assim seja!**

P.: Vão e anunciem com fervor e alegria, com amor e compaixão, com a vida e o testemunho, o Evangelho libertador de Cristo, nosso Senhor.

— **Amém! Assim seja!**

P.: A festa da vida continua! Permaneçamos na paz de Jesus e na proteção da Senhora Aparecida.

— **Ó Santa Mãe Aparecida, fazei-nos ser uma Igreja em saída missionária. Amém!**

(Homenagem do povo – Entrega das Flores)

Solenidade Nossa Senhora Aparecida

Dia da Criança
(Cor Litúrgica: Branca)

> **RITOS INICIAIS**
> *Reunidos no Senhor*

1. Canto inicial

De alegria vibrei no Senhor

De alegria vibrei no Senhor, pois vestiu-me com sua justiça, adornou-me com joias bonitas, como esposa do rei me elevou.

1. Transborda o meu coração em belos versos ao rei, um poema, uma canção com a língua escreverei. De todos és o mais belo, a graça desabrochou. Em teu semblante, em teus lábios pra sempre Deus te abençoou.

2. Valente, forte, herói. Pela verdade a lutar, a justiça a defender, vitorioso tu serás. Lutas com arma e poder, o inimigo a correr. Eterno é o teu trono, ó Deus, é retidão para valer!

3. Ó rei, amas a justiça, odeias sempre a maldade; com o óleo da alegria ungiu-te o Deus da verdade. Os mais suaves perfumes, as tuas vestes exalam; no teu palácio luxuoso belos acordes te embalam.

2. Antífona

Com grande alegria rejubilo-me no Senhor, e minha alma exultará no meu Deus, pois me revestiu de justiça e salvação, como a noiva ornada de suas joias.

3. Saudação

Pres.: Em nome do Pai † e do Filho e do Espírito Santo.
— **Amém.**
Pres.: "Minha alma glorifica o Senhor, exulta meu espírito em Deus, meu Salvador!" Irmãos e irmãs, o Senhor, que encaminha nossos corações para o amor de Deus e a constância de Cristo, esteja convosco.
— **Bendito seja Deus que nos reuniu no amor de Cristo.**

(Com estas ou outras palavras o sacerdote, ou outro ministro idôneo, introduz a assembleia na Missa do dia. Em seguida inicia-se o Ato Penitencial.)

Bendita seja a escolhida de Deus, Maria, a quem invocamos como Senhora Aparecida. Deus sempre contou com os humildes e os simples para realizar a História da Salvação, como Abraão, Isaac, Rute, Ester e tantos mais. E na hora bendita da realização da nova e eterna Aliança escolheu Maria, para nos oferecer o Redentor. Saudemos com fervor a Senhora Aparecida, como a saudaram João Alves, Felipe Pedroso e Domingos Garcia. Deus continua a contar com os humildes e os simples para realizar, aqui e agora, a História da Salvação. Bendita seja, nossa Mãe e Senhora linda.

4. Ato Penitencial

Pres.: Senhor Deus, sem vosso amor não podemos viver, e sem vosso perdão não temos a salvação. Socorrei-nos com vosso amor misericordioso, e que vosso povo tenha a vida e a paz. *(Silêncio)*

Pres.: Senhor, que sois a força dos fracos e o amparo dos humildes, tende misericórdia de nós.

— **Senhor, Filho de Deus Pai, tende misericórdia de nós.**

Pres.: Cristo, que sois amigo dos pobres e bondade junto dos sofredores, tende compaixão de nós.

— **Cristo, Verbo eterno, tende compaixão de nós.**

Pres.: Senhor, que sois nossa vida e nossa salvação, tende piedade de nós.

— **Senhor, Sacerdote eterno, tende piedade de nós.**

Pres.: Deus todo-poderoso, tenha compaixão de nós, perdoe nossos pecados e nos conduza à vida eterna.

— **Amém.**

5. Hino de Louvor

Glória a Deus nas alturas e paz na terra aos homens por ele amados. **Senhor Deus, Rei dos céus, Deus Pai todo-poderoso.** Nós vos louvamos, **nós vos bendizemos,** nós vos adoramos, **nós vos glorificamos,** nós vos damos graças por vossa imensa glória. **Senhor Jesus Cristo, Filho unigênito,** Senhor Deus, Cordeiro de Deus, Filho de Deus Pai. **Vós que tirais o pecado do mundo, tende piedade de nós.** Vós que tirais o pecado do mundo, acolhei a nossa súplica. **Vós que estais à direita do Pai, tende piedade de nós.** Só vós sois o Santo, **só vós, o Senhor,** só vós, o Altíssimo, Jesus Cristo, **com o Espírito Santo, na glória de Deus Pai. Amém.**

6. Oração

Pres.: OREMOS: *(instante de silêncio)* Ó DEUS TODO-PODEROSO, ao rendermos culto à Imaculada Conceição de Maria, Mãe de Deus e Senhora nossa, concedei que o povo brasileiro, fiel à sua vocação e vivendo na paz e na justiça, possa chegar um dia à pátria definitiva. Por nosso Senhor Jesus Cristo, vosso Filho, na unidade do Espírito Santo.

— **Amém.**

LITURGIA DA PALAVRA
Deus nos fala

A Comunidade pode escutar a Palavra e acolher seu ensinamento, como fez Maria, que cumpriu o desígnio divino e nos trouxe o Salvador.

7. Primeira Leitura
(Est 5,1b-2;7,2b-3)

Leitura do Livro de Ester:

¹ᵇEster revestiu-se com vestes de rainha e foi colocar-se no vestíbulo interno do palácio real, frente à residência do rei. O rei estava sentado no trono real, na sala do trono, frente à entrada. ²Ao ver a rainha Ester parada no vestíbulo, olhou para ela com agrado e estendeu-lhe o cetro de ouro que tinha na mão, e Ester aproximou-se para tocar a ponta do cetro.

⁷,²ᵇEntão, o rei lhe disse: "O que me pedes, Ester; o que queres que eu faça? Ainda que me pedisses a metade do meu reino, ela te seria concedida".

³Ester respondeu-lhe: "Se ganhei as tuas boas graças, ó rei, e se for de teu agrado, concede-me a vida – eis o meu pedido! – e a vida do meu povo – eis o meu desejo!" — Palavra do Senhor.
— **Graças a Deus!**

8. Salmo Responsorial *(Sl 44)*
Salmista: Escutai, minha filha, olhai, ouvi isto:/ que o Rei se encante com vossa beleza!
— **Escutai, minha filha, olhai, ouvi isto:/ que o Rei se encante com vossa beleza!**
— Escutai, minha filha, olhai, ouvi isto:/ "Esquecei vosso povo e a casa paterna!/ Que o Rei se encante com vossa beleza!/ Prestai-lhe homenagem: é vosso Senhor!

— O povo de Tiro vos traz seus presentes,/ os grandes do povo vos pedem favores./ Majestosa, a princesa real vem chegando,/ vestida de ricos brocados de ouro.
— Em vestes vistosas ao Rei se dirige/ e as virgens amigas lhe formam cortejo;/ entre cantos de festa e com grande alegria,/ ingressam, então, no palácio real".

9. Segunda Leitura
(Ap 12,1.5.13a.15-16a)

Leitura do Livro do Apocalipse de São João:

¹Apareceu no céu um grande sinal: uma mulher vestida do sol, tendo a lua debaixo dos pés e sobre a cabeça uma coroa de doze estrelas. ⁵E ela deu à luz um filho homem, que veio para governar todas as nações com cetro de ferro. Mas o filho foi levado para junto de Deus e do seu trono.

¹³ᵃQuando viu que tinha sido expulso para a terra, o dragão começou a perseguir a mulher que tinha dado à luz o menino.

¹⁵A serpente, então, vomitou como um rio de água atrás da mulher, a fim de a submergir. ¹⁶ᵃA terra, porém, veio em socorro da mulher. — Palavra do Senhor.
— **Graças a Deus!**

10. Aclamação ao Evangelho
— Aleluia! Aleluia! Aleluia!
— **Aleluia! Aleluia! Aleluia!**
— Disse a Mãe de Jesus aos serventes: "Fazei tudo o que Ele vos disser!"

Anúncio do Evangelho
(Jo 2,1-11)
Pres.: O Senhor esteja convosco.
— **Ele está no meio de nós.**
Pres.: PROCLAMAÇÃO do Evangelho de Jesus Cristo † segundo João.
— **Glória a vós, Senhor.**

Naquele tempo, ¹houve um casamento em Caná da Galileia. A mãe de Jesus estava presente. ²Também Jesus e seus discípulos tinham sido convidados para o casamento. ³Como o vinho veio a faltar, a mãe de Jesus lhe disse: "Eles não têm mais vinho".

⁴Jesus respondeu-lhe: "Mulher, por que dizes isto a mim? Minha hora ainda não chegou".

⁵Sua mãe disse aos que estavam servindo: "Fazei o que ele vos disser!".

⁶Estavam seis talhas de pedra colocadas aí para a purificação que os judeus costumam fazer. Em cada uma delas cabiam mais ou menos cem litros.

⁷Jesus disse aos que estavam servindo: "Enchei as talhas de água!". Encheram-nas até a boca. ⁸Jesus disse: "Agora tirai e levai ao mestre-sala!". E eles levaram. ⁹O mestre-sala experimentou a água que se tinha transformado em vinho. Ele não sabia de onde vinha, mas os que estavam servindo sabiam, pois eram eles que tinham tirado a água.

¹⁰O mestre-sala chamou então o noivo e lhe disse: "Todo mundo serve primeiro o vinho melhor e, quando os convidados já estão embriagados, serve o vinho menos bom. Mas tu guardaste o vinho bom até agora!"

¹¹Este foi o início dos sinais de Jesus. Ele o realizou em Caná da Galileia e manifestou a sua glória, e seus discípulos creram nele.
— Palavra da Salvação.
— **Glória a vós, Senhor.**

11. Profissão de Fé

Creio em Deus Pai todo-poderoso, criador do céu e da terra. **E em Jesus Cristo, seu único Filho, nosso Senhor,** que foi concebido pelo poder do Espírito Santo; nasceu da Virgem Maria; **padeceu sob Pôncio Pilatos, foi crucificado, morto e sepultado.** Desceu à mansão dos mortos, ressuscitou ao terceiro dia, **subiu aos céus**; **está sentado à direita de Deus Pai todo-poderoso,** donde há de vir a julgar os vivos e os mortos. **Creio no Espírito Santo;** na Santa Igreja católica; na comunhão dos santos; **na remissão dos pecados;** na ressurreição da carne; **na vida eterna. Amém.**

12. Preces da Comunidade

(Considerando que as Preces da assembleia fazem parte da Liturgia da Palavra e seguindo orientação do Elenco das Leituras da Missa, n. 31, sugerimos que sejam proclamadas do Ambão ou Mesa da Palavra.)
Pres.: Senhor Deus de bondade, a exemplo de Maria, com humildade nos aproximamos de vós e vos apresentamos nossa súplica, clamando a vós: **Senhor Deus, dai-nos a vida e a paz!**

1. FORTALECEI nossa vida em Cristo e fazei que sua face resplandeça nos pobres e sofredores, nós vos rogamos, Senhor.

2. GUARDAI as crianças de nossa pátria, que elas vivam felizes e jamais sejam feridas em sua dignidade, nós vos rogamos, Senhor.

3. PROTEGEI a juventude e nossas famílias em vossa misericórdia, e que possamos experimentar a alegria em vosso amor, em cada dia de nossa vida, nós vos rogamos, Senhor.

4. ILUMINAI nossas Comunidades na vivência do Evangelho e na força da esperança, nós vos rogamos, Senhor.

5. VOLVEI vosso olhar bendito sobre nossa pátria, e que ela seja digna pela prática da justiça, da ética e da solidariedade humana e fraterna, nós vos rogamos, Senhor.

6. *(Outras intenções...)*
Pres.: Senhor Deus, guardai vosso povo, e que ele, sob a proteção de Maria, Mãe de vosso Filho Jesus, saiba render-vos graças e caminhar sob a luz de vosso Filho Jesus, que convosco vive e reina para sempre.
Pres.: Deus,
— Amém.

LITURGIA EUCARÍSTICA
Memorial do Senhor

13. Cântico das Oferendas
Como vai ser?

1. Como vai ser? Nossa festa não pode seguir: tarde demais pra buscar outro vinho e servir. **Em meio a todo sobressalto, é Maria, quem sabe lembrar: "Se o meu Filho está presente, nada pode faltar!" "Se o meu Filho está presente, nada pode faltar!"**

2. Mas que fazer? Se tem água, tem vinho também: basta um sinal! E em Caná quem provou: "tudo bem!"

3. Como não crer? A alegria da vida nos vem. Quando os irmãos põem à mesa seus dons e o que têm.

14. Oração sobre as Oferendas
Pres.: Orai, irmãos e irmãs, para que o nosso sacrifício, nesta solenidade da Padroeira do Brasil, seja aceito por Deus Pai todo-poderoso.

— Receba o Senhor por tuas mãos este sacrifício, para glória do seu nome, para nosso bem e de toda a santa Igreja.

Pres.: ACOLHEI, ó Deus, as preces e oferendas apresentadas em honra de Maria, Mãe de Jesus Cristo, vosso Filho; concedei que elas vos sejam agradáveis e nos tragam a graça da vossa proteção. Por Cristo, nosso Senhor.
— Amém.

15. Oração Eucarística III
(Ou à escolha do Presidente – Missal, p. 482 – Pf. p. 678)
Pres.: O Senhor esteja convosco.
— Ele está no meio de nós.
Pres.: Corações ao alto.

— **O nosso coração está em Deus.**
Pres.: Demos graças ao Senhor, nosso Deus.
— **É nosso dever e nossa salvação.**

Pres.: NA VERDADE, é justo e necessário, é nosso dever e salvação dar-vos graças, sempre e em todo o lugar, Senhor, Pai santo, Deus eterno e todo-poderoso. A fim de preparar para o vosso Filho mãe que fosse digna dele, preservastes a Virgem Maria da mancha do pecado original, enriquecendo-a com a plenitude da vossa graça. Nela, vós nos destes as primícias da Igreja, esposa de Cristo, sem ruga e sem mancha, resplandecente de beleza. Puríssima, na verdade, devia ser a Virgem que nos daria o Salvador, o Cordeiro sem mancha, que tira os nossos pecados. Escolhida, entre todas as mulheres, modelo de santidade e advogada nossa, ela intervém constantemente em favor de vosso povo. Unidos à multidão dos anjos e dos santos, proclamamos a vossa bondade, cantando (dizendo) a uma só voz:

— **Santo, Santo, Santo, Senhor, Deus do universo! O céu e a terra proclamam a vossa glória. Hosana nas alturas! Bendito o que vem em nome do Senhor! Hosana nas alturas!**

Pres.: NA VERDADE, vós sois santo, ó Deus do universo, e tudo o que criastes proclama o vosso louvor, porque, por Jesus Cristo, vosso Filho e Senhor nosso, e pela força do Espírito Santo, dais vida e santidade a todas as coisas e não cessais de reunir o vosso povo, para que vos ofereça em toda parte, do nascer ao pôr-do-sol, um sacrifício perfeito.

— **Santificai e reuni o vosso povo!**

Pres.: POR ISSO, nós vos suplicamos: santificai pelo Espírito Santo as oferendas que vos apresentamos para serem consagradas, a fim de que se tornem o Corpo e † o Sangue de Jesus Cristo, vosso Filho e Senhor nosso, que nos mandou celebrar este mistério.

— **Santificai nossa oferenda, ó Senhor!**

Pres.: NA NOITE em que ia ser entregue, ele tomou o pão, deu graças, e o partiu e deu a seus discípulos, dizendo:
TOMAI, TODOS, E COMEI: ISTO É O MEU CORPO, QUE SERÁ ENTREGUE POR VÓS.

Pres.: Do mesmo modo, ao fim da ceia, ele tomou o cálice em suas mãos, deu graças novamente, e o deu a seus discípulos, dizendo:
TOMAI, TODOS, E BEBEI: ESTE É O CÁLICE DO MEU SANGUE, O SANGUE DA NOVA E ETERNA ALIANÇA, QUE SERÁ DERRAMADO POR VÓS E POR TODOS, PARA REMISSÃO DOS PECADOS. FAZEI ISTO EM MEMÓRIA DE MIM.

Pres.: Eis o mistério da fé!

— **Salvador do mundo, salvai-nos, vós que nos libertastes pela cruz e ressurreição!**
Pres.: CELEBRANDO agora, ó Pai, a memória do vosso Filho, da sua paixão que nos salva, da sua gloriosa ressurreição e da sua ascensão ao céu, e enquanto esperamos a sua nova vinda, nós vos oferecemos em ação de graças este sacrifício de vida e santidade.
— **Recebei, ó Senhor, a nossa oferta!**
Pres.: OLHAI com bondade a oferenda da vossa Igreja, reconhecei o sacrifício que nos reconcilia convosco e concedei que, alimentando-nos com o Corpo e o Sangue do vosso Filho, sejamos repletos do Espírito Santo e nos tornemos em Cristo um só corpo e um só espírito.
— **Fazei de nós um só corpo e um só espírito!**
Pres.: QUE ELE FAÇA de nós uma oferenda perfeita para alcançarmos a vida eterna com os vossos santos: a Virgem Maria, Mãe de Deus, São José, seu esposo, os vossos Apóstolos e Mártires, N. (o santo do dia ou o padroeiro) e todos os santos, que não cessam de interceder por nós na vossa presença.
— **Fazei de nós uma perfeita oferenda!**
Pres.: E AGORA, nós vos suplicamos, ó Pai, que este sacrifício da nossa reconciliação estenda a paz e a salvação ao mundo inteiro. Confirmai na fé e na caridade a vossa Igreja, enquanto caminha neste mundo: o vosso servo o papa N., o nosso bispo N., com os bispos do mundo inteiro, o clero e todo o povo que conquistastes.
— **Lembrai-vos, ó Pai, da vossa Igreja!**
Pres.: ATENDEI às preces da vossa família, que está aqui, na vossa presença. Reuni em vós, Pai de misericórdia, todos os vossos filhos e filhas dispersos pelo mundo inteiro.
— **Lembrai-vos, ó Pai, dos vossos filhos!**
Pres.: ACOLHEI com bondade no vosso reino os nossos irmãos e irmãs que partiram desta vida e todos os que morreram na vossa amizade. Unidos a eles, esperamos também nós saciar-nos eternamente da vossa glória, por Cristo, Senhor nosso.
— **A todos saciai com vossa glória!**
Pres.: Por ele dais ao mundo todo bem e toda graça.
Pres.: POR CRISTO, com Cristo, em Cristo, a vós, Deus Pai todo-poderoso, na unidade do Espírito Santo, toda a honra e toda a glória, agora e para sempre.
— **Amém.**

RITO DA COMUNHÃO
União e Partilha

16. Oração do Pai-nosso
Pres.: Obedientes como Maria, à palavra do Salvador e formados por seu divino ensinamento, ousamos dizer:
— **PAI NOSSO...**

Pres.: Livrai-nos de todos os males, ó Pai, e dai-nos hoje a vossa paz. Ajudados pela vossa misericórdia, sejamos sempre livres do pecado e protegidos de todos os perigos, enquanto, vivendo a esperança, aguardamos a vinda do Cristo Salvador.

— **Vosso é o reino, o poder e a glória para sempre!**

17. Oração pela Paz

Pres.: Senhor Jesus Cristo, dissestes aos vossos Apóstolos: eu vos deixo a paz, eu vos dou a minha paz. Não olheis os nossos pecados, mas a fé que anima vossa Igreja; dai-lhe, segundo o vosso desejo, a paz e a unidade. Vós, que sois Deus com o Pai e o Espírito Santo.

— **Amém.**

Pres.: A paz do Senhor esteja sempre convosco.

— **O amor de Cristo nos uniu.**

Pres.: Como filhos e filhas do Deus da paz, saudai-vos com um gesto de comunhão fraterna.

18. Fração do Pão

Pres.: Esta união do Corpo e do Sangue de Jesus, o Cristo e Senhor nosso, que vamos receber, nos sirva para a vida eterna.

— **Cordeiro de Deus, que tirais o pecado do mundo, tende piedade de nós. Cordeiro de Deus, que tirais o pecado do mundo, tende piedade de nós. Cordeiro de Deus, que tirais o pecado do mundo, dai-nos a paz.**

Pres.: Senhor Jesus Cristo, o vosso Corpo e o vosso Sangue, que vou receber, não se tornem causa de juízo e condenação; mas, por vossa bondade, sejam sustento e remédio para minha vida.

Pres.: Provai e vede como o Senhor é bom; feliz de quem nele encontra seu refúgio. Eis o Cordeiro de Deus, que tira o pecado do mundo.

— **Senhor, eu não sou digno(a) de que entreis em minha morada, mas dizei uma palavra e serei salvo(a).**

19. Cântico da Comunhão
Salmo 34

Bendirei ao Senhor todo tempo, minha boca vai sempre louvar, a minh'alma o Senhor glorifica. Os humildes irão se alegrar.

1. Vamos juntos dar glória ao Senhor e ao seu nome fazer louvação. Procurei e o Senhor me atendeu, me livrou de uma grande aflição. Olhem todos pra ele e se alegrem, todo o tempo sua boca sorria. Este pobre gritou e ele ouviu, fiquei livre da minha agonia.

2. Acampou na batalha seu anjo, defendendo seu povo e o livrando, provem todos, pra ver como é bom, o Senhor que nos vai abrigando. Povo santo, adore o Senhor, aos que temem nenhum mal assalta. Quem é rico empobrece e tem fome, mas a quem busca a Deus, nada falta.

3. Ó meus filhos, escutem o que eu digo pra aprender o temor do Senhor. Quem de nós que não ama sua vida, e a seus dias não quer dar valor? Tua língua preserva do mal e não deixes tua boca mentir. Ama o bem e detesta a maldade. Vem a paz procurar e seguir.

4. Sobre o justo o Senhor olhe sempre, seu ouvido se põe a escutar; que teus olhos se afastem dos maus, pois ninguém deles vai se lembrar. Deus ouviu quando os justos chamaram e livrou-os de sua aflição. Está perto de quem se arrepende, ao pequeno ele dá salvação.

20. Antífona *(Pr 31,28.15)*
Seus filhos se erguem para proclamá-la bem-aventurada. Ela se levanta antes da aurora para dar o alimento a cada um.

21. Oração Pós-Comunhão
Pres.: OREMOS: ALIMENTADOS com o Corpo e o Sangue de vosso Filho, nós vos suplicamos, ó Deus: dai ao vosso povo, sob o olhar de Nossa Senhora da Conceição Aparecida, irmanar-se nas tarefas de cada dia para a construção do vosso reino. Por Cristo, nosso Senhor.
— **Amém.**

RITOS FINAIS
Deus nos envia

22. Bênção
Pres.: O Senhor esteja convosco.
— **Ele está no meio de nós.**
Pres.: O Deus de bondade que, pelo Filho da Virgem Maria, quis salvar a todos vos enriqueça com sua bênção.
— **Amém.**
Pres.: Seja-vos dado sentir sempre e por toda parte a proteção da Virgem, por quem recebestes o autor da vida.
— **Amém.**
Pres.: E vós, que vos reunistes hoje para celebrar sua solenidade, possais colher a alegria espiritual e o prêmio eterno.
— **Amém.**
Pres.: Abençoe-vos Deus todo-poderoso, Pai † e Filho e Espírito Santo.
— **Amém.**
Pres.: A alegria do Senhor seja a vossa força; ide em paz e o Senhor vos acompanhe.
— **Graças a Deus!**

Cânticos: Hinário Litúrgico – Festas Litúrgicas III – CNBB.

CÂNTICOS

1. Virgem Mãe Aparecida
(Pe. João B. Lehmann)

1. Virgem Mãe Aparecida,/ estendei o vosso olhar/ sobre o chão de nossa vida,/ sobre nós e nosso lar.

Virgem Mãe Aparecida,/ nossa vida e nossa luz,/ dai nos sempre nesta vida/ paz e amor no bom Jesus.

2. Estendei os vossos braços/ que trazeis no peito em cruz,/ para nos guiar os passos/ para o reino de Jesus.

3. Desta vida nos extremos/ trazei paz, trazei perdão/ a nós, Mãe, que vos trazemos/ com amor no coração.

2. Santa Mãe Maria
(L. e M.: José A. Santana – Paulinas Comep)

1. Santa Mãe Maria, nesta travessia,/ cubra-nos teu manto cor de anil! / Guarda nossa vida, Mãe Aparecida,/ Santa Padroeira do Brasil!

Ave, Ave, Maria! Ave, Ave, Maria! *(bis)*

2. Com amor divino, guarda os peregrinos,/ nesta caminhada para o além!/ Dá-lhes companhia, pois também, um dia,/ foste peregrina de Belém!

3. Mulher peregrina, força feminina,/ a mais importante que existiu.../ Com justiça queres que nossas mulheres/ sejam construtoras do Brasil!

4. Com seus passos lentos, enfrentando os ventos,/ quando sopram noutra direção,/ toda Mãe Igreja pede que tu sejas/ companheira de libertação

3. Aparecida do Brasil
(L. e M.: Glória Viana/ Arr.: José A. Santana)

1. Virgem Mãe tão poderosa, Aparecida do Brasil!/ Mãe fiel aos seus devotos, de cor morena, uniu os filhos seus./ Mãe, és Rainha dos peregrinos que vem de longe pra te saudar!/ Mãe venerada, sejas louvada!/ És o orgulho do Brasil!

2. Mãe, teu nome ressurgido dentro das águas de um grande rio,/ espalhou-se como o vento, de sul a norte pra nós surgiu!/ Mãe caridosa, sempre esperando, De mãos erguidas, os filhos teus,/ tu és Rainha do mundo inteiro, Aparecida do Brasil!

4. Senhora D'Aparecida
(L.: Ir. Luiza Neves/ M.: Waldeci Farias) – Paulinas Comep)

1. Senhora d'Aparecida, Maria que apareceu/ com rosto e mão de gente,/ gesto de Mãe que está presente,/ acompanhando o povo seu.

Senhora d'Aparecida, vi tua cor se esparramar/ na vida de nossa gente como um grito de justiça/ pra teu povo libertar!

2. Senhora d'Aparecida, Maria da Conceição,/ sofrendo miséria e fome não temos terra nem salário,/ Como é dura a escravidão!

3. Senhora d'Aparecida, Maria das romarias,/ teu povo anda sem rumo, vai sem destino, procurando/ terra, pão, melhores dias.

4. Senhora d'Aparecida, Maria da caminhada,/ unindo os pequeninos, rompendo a cerca que nos cerca/ interrompendo a nossa estrada.

5. Senhora d'Aparecida, Maria, Nossa Senhora,/ é luta a nossa

História,/ mas a Palavra do teu Filho/ dá certeza da Vitória.

5. És, Maria, a virgem que sabe ouvir
(L.: Dom Carlos Alberto Navarro/ M.: Waldeci Farias)

1. És, Maria, a Virgem que sabe ouvir/ e acolher com fé a Santa Palavra de Deus./ Dizes "sim" e logo te tornas Mãe;/ dás à luz depois o Cristo que vem nos remir.

Virgem que sabe ouvir/ o que o Senhor te diz/ Crendo gerastes quem te criou! Ó Maria, tu és feliz!

2. Contemplando o exemplo que tu nos dás,/ nossa Igreja escuta, acolhe a Palavra com fé./ E anuncia a todos,/ pois ela é pão que alimenta;/ é luz que a sombra da História desfaz.

6. O milagre de Nossa Senhora
(L. e M.: Pe. Ronoaldo Pelaquin, C.Ss.R.)

1. Foi nos tempos bem longe na história,/ que nas águas do rio sucedeu:/ pescadores buscavam sustento,/ alimento pra quem não comeu./ Todos lembram, está na memória, o milagre nascido nas águas, o milagre da pesca da imagem, o milagre de Nossa Senhora.

Vamos todos cantar com amor./ relembrando a imagem querida:/ A minh'alma engrandece o Senhor pela Santa de Aparecida!

2. Na Capela do Morro Coqueiro,/ quanta coisa bonita se viu./Quanta gente pedindo chorando,/implorando a cura na hora./ Todos lembram o tal cavaleiro,/ e o milagre das velas no altar,/ o milagre do negro escravo,/ o milagre de Nossa Senhora.

3. Romarias de longe vieram,/ carregadas no embalo da fé,/ procurando, quem sabe,/ uma graça pras desgraças que sempre tiveram./ Todos querem também como outrora um milagre pra poder viver,/ o milagre do amor que não passa, o milagre de Nossa Senhora!

7. Vinde, vamos todos
(L. e M.: Harpa de Sião)

Vinde, vamos todos,/ com flores à porfia, com flores a Maria,/que mãe nossa é./ Com flores a Maria que mãe nossa é.

1. De novo aqui devotos,/ ó Virgem Mãe de Deus,/ estão os filhos teus,/ prostrados a teus pés.

2. A oferecer-te vimos,/ flores do mês eleito,/ com quanto amante peito,/ Senhora, tu vês.

3. Mas o que mais te agrada do que o lírio e a rosa,/ recebe ó mãe piedosa o nosso coração.

4. Em troca te pedimos, defende-nos,/ Senhora, agora e na última hora,/ tua potente mão.

8. Com flores e com hinos
(L. e M.: José A. Santana)

Com flores e com hinos,/ com sentimentos bons,/ à Mãe dos peregrinos,/ trazemos nossos dons./ À Mãe dos peregrinos trazemos nossos dons.

1. O pão de cada dia e o dom de ter um lar,/ na casa de Maria queremos ofertar.

2. A chuva e o orvalho,/ o sol que vem brilhar,/ e a bênção do trabalho queremos ofertar.

3. A Santa Mãe, ajude dos males nos livrar,/ e a graça da saúde possamos ofertar.

4. A oferta mais sagrada do nosso coração é a vida consagrada à sua proteção.

9. Nossa Senhora me dê coragem
(L. e M.: Pe. Ronoaldo Pelaquin, C.Ss.R.)

Nossa Senhora, me dê coragem nos desesperos do coração./ Nos desesperos da caminhada, Nossa Senhora, me dê a mão.

1. Sempre a meu lado ela estava quando eu andava longe de Deus./ Agora que lhe entreguei meu coração,/ que lhe fiz consagração do meu corpo e todo ser,/ agora que me arrependo do mal feito,/ não tem jeito o pecado,/ Deus comigo eu quero ter.

2. Como eu bem sei que sou tão fraco e nos seus braços terei amor,/ não desanimo quando ouvir a tentação,/ pois terei sempre perdão cada vez que eu cair./ Em vez de medo eu terei de Deus temor,/ para não ficar no chão quando a morte, enfim, vier.

10. Nessa curva do rio
*(Pe. Lúcio Floro/
Cônego José Guimarães)*

1. Nessa curva do rio, tão mansa, onde o pobre seu pão foi buscar, o Brasil encontrou a Esperança: esta Mãe que por nós vem rezar!

O mistério Supremo do Amor com Maria viemos cantar! A nossa alma engrandece o Senhor! Deus que salva, hoje é Pão, neste altar! *(bis)*

2. Nosso altar tem um jeito de mesa, e aqui somos um só coração. Que esta festa nos dê a certeza: não teremos mais mesa sem pão!

3. Quando o vinho faltou, foi Maria que em Caná fez a prece eficaz. Nosso povo aqui veio e confia: Quer seu pão, e ter Voz e ter Paz.

4. Há soberbos no trono com tudo... E há pobres sem nada no chão... Deus é Pai! Ela é Mãe! Não me iludo: Não és rico, nem pobre, és irmão.

11. Venham todos para a ceia do Senhor
*(L.: D. Carlos A. Navarro/
M.: Ir. Miria T. Kolling)*

Venham, venham todos para a ceia do Senhor, Casa iluminada, mesa preparada,/ Com paz e amor. Porta sempre aberta,/ Pai amigo, aguardando, acolhedor./ Vem do alto por Maria, este pão que vai nos dar./ Pão dos anjos quem diria nos fará ressuscitar.

1. Canta a igreja o sacrifício/ que, na cruz foi seu início/ E, antes Jesus quis se entregar Corpo e Sangue em alimento,/ precioso testamento/ Como não nos alegrar?

2. Para a fonte "Eucaristia",/ vai sedenta romaria./ Volta em missão de transformar./ Cada um e todo o povo,/ construindo um mundo novo./ Como não nos alegrar?!

3. Com a solidariedade,/ renovar a sociedade,/ pela justiça e paz lutar./ Vendo o pão em cada mesa,/ Vida Humana com nobreza./ Como não nos alegrar?!

4. A assembleia manifesta:/ a Eucaristia é festa!/ Somos irmãos a celebrar./ Povo santo penitente,/ que se encontra sorridente./ Como não nos alegrar?!

5. Cristo vive,/ se oferece,/ intercede, escuta a prece./ Em toda a terra quer morar./ Por amor é prisioneiro,/ nos aguarda o dia inteiro./ Como não nos alegrar?!

12. Vinde e vede! Ele está no meio de nós!
(L. e M.: Pe. Ney Brasil)

Vinde e vede, vinde! Ele está no meio de nós! Ele está no meio de nós!

1. Ele, o Filho, a Palavra se fez carne (Jo 1,14)./ E assumiu nossa humana condição:/ Nossa vida viveu e nossas lutas e,/ agora, entre nós, se dá no Pão!

2. Vive a Igreja da santa Eucaristia,/ que é a fonte e a meta da missão (SC 10 e LG 11):/ Fonte de onde ela haure sua força,/ culminância da Evangelização!

3. Na Palavra Eu também estou presente:/ Toda a Bíblia me aponta,/ a mim conduz! (cf Jo 5, 39)./ Quem me segue não andará nas trevas (Jo 8, 12):/ Sou a Vida, a Verdade, sou a Luz! (cf Jo 14, 6).

4. Tantas são as maneiras da Presença,/ da Presença daquele que é o Senhor:/ A presença real no Sacramento./ É sinal, é o penhor do seu Amor!

13. Graças e louvores
(L. e M.: Pe. Ronoaldo Pelaquin, C.Ss.R.)

Graças e louvores nós vos damos a cada momento, ó Santíssimo e Diviníssimo Sacramento.

1. No Sacramento misterioso do teu altar, o que era pão,/ agora é a carne de Jesus./ Quero comungar o Corpo de Deus, quero o teu corpo comungar.

2. No sacramento misterioso do teu altar, o que era vinho,/ agora é o sangue de Jesus./ Quero comungar o Sangue de Deus, quero o teu sangue comungar.

3. Se tu me deste tua vida, ó meu Senhor,/ se tu me deste tua vida em comunhão, quero distribuir-te a meu irmão,/ quero distribuir-te com meu amor.

14. Eu te adoro, ó Cristo
(L.: Santo Tomás de Aquino/ M.: Pe. Ronoaldo Pelaquin, C.Ss.R.)

1. Eu te adoro, ó Cristo, Deus no santo altar, neste Sacramento vivo a palpitar. Dou-te sem partilha, vida e coração, pois de amor me inflamo, na contemplação.

Jesus, nós te adoramos *(bis)*

2. Tato e vista falham, bem como o sabor, só por meu ouvido tem a fé vigor. Creio o que disseste, ó Jesus meu Deus, Verbo da Verdade, vindo a nós do céu.

3. Tua divindade não se viu na cruz, nem a humanidade vê-se aqui, Jesus. Ambas eu confesso como o bom ladrão, e um lugar espero na eterna mansão.

4. Não me deste a dita como a São Tomé, de tocar-te as chagas, mas eu tenho fé. Faze que ela cresça com o meu amor e a minha esperança tenha novo ardor.

5. Dos teus sofrimentos é memorial, este pão de vida, pão celestial. Dele eu sempre queira mais me alimentar, sentir-lhe a doçura, divinal sem par.

6. Born Pastor piedoso, Cristo meu Senhor, lava no teu Sangue a mim tão pecador, pois que uma só gota pode resgatar do pecado o mundo e o purificar.

7. Ora te contemplo, sob espesso véu, mas desejo ver-te, bom Jesus, no céu. Face a face um dia, hei de ti gozar, nesta doce Pátria e sem fim te amar. Amém.

15. Jesus Cristo está realmente
(Popular brasileiro)

1. Jesus Cristo está realmente/ de noite e de dia presente no altar./ Esperando que cheguem as almas/ humildes, confiantes para o visitar.

Jesus, nosso irmão, Jesus Redentor,/ nós te adoramos na Eucaristia,/ Jesus de Maria, Jesus, Rei de amor.

2. O Brasil, esta terra adorada,/ por ti abençoada foi logo ao nascer./ Sem Jesus o Brasil, Pátria amada,/ não pode ser grande, não pode viver.

3. Brasileiros, quereis que esta Pátria,/ tão grande, tão bela, seja perenal?/ Comungai, comungai todo dia:/ a Eucaristia é vida imortal.

16. Louvado seja nosso Senhor Jesus Cristo
(L. e M.: Pe. Ronoaldo Pelaquin, C.Ss.R.)

Louvado seja Nosso Senhor Jesus Cristo!/ Para sempre seja louvado!/ Para sempre seja louvado!

1. A história em Nazaré aconteceu,/ quando o anjo do Senhor apareceu/ à Santa Virgem Maria,/ dizendo que ela seria/ a mãe do Filho de Deus,/ e cujo nome seria/ o de Jesus Salvador,/ Jesus o Cristo Senhor.

2. A história em nossa vida continua,/ quando a minha fé em Deus é igual a sua,/ para louvar o amor,/ que de Maria nasceu,/ e que por nós na cruz morreu. Louvado seja o amor,/ louvado seja Jesus,/ Jesus o Cristo Senhor.

17. Eu te adoro, Hóstia divina
(Do Congresso Eucarístico de Malta)

1. Eu te adoro, Hóstia divina./ Eu te adoro, Hóstia de amor./ És dos fortes a doçura./ És dos fracos o vigor./ Eu te adoro, Hóstia divina./ Eu te adoro, Hóstia de amor.

2. Eu te adoro.../ És na vida nossa força,/ és na morte defensor./ Eu te adoro...

3. Eu te adoro.../ És na terra nosso amigo,/ és do céu feliz penhor./ Eu te adoro...

4. Eu te adoro.../ És um Deus eterno, imenso,/ és dos homens o Senhor./ Eu te adoro...

18. Coração acolhedor
(L.: Júlio Ricarte)

1. Senhora Aparecida,/ recebe agora os dons dos filhos teus./ Senhora Aparecida, entrega depois esses dons ao nosso Deus.

Coração acolhedor da Palavra, educador da fé,/ inspirador da missão: Maria, transborda tua paz!/ Vem consolar os aflitos: hoje e sempre, os filhos teus,/ Pois só tu és, ó Maria, "reflexo do coração materno de Deus".

2. Senhora Aparecida,/ percebe com quanto amor aqui viemos./ Senhora Aparecida, acolhe o pouco que temos e aqui trazemos.

3. Senhora Aparecida,/ consegue a graça do amor aos devotos teus./ Senhora Aparecida,/ alcança um lugar para nós no céu de Deus.

19. Tanta gente vai andando
(Dai-lhes vós mesmos de comer)
(L. e M.: Fr. Luiz Turra)

1. Tanta gente vai andando na procura de uma luz,/ caminhando na esperança se aproxima de Jesus./ No deserto sente fome e o Senhor tem compaixão./ Comunica sua palavra: vai abrindo o coração.

Dai-lhes vós mesmos de comer,/ que o milagre vai acontecer./ Dai-lhes vós mesmos de comer, que o milagre vai acontecer.

2. Quando o pão é partilhado,/ passa a ter gosto de amor,/ quando for acumulado gera morte traz a dor./ Quando o pouco que nós temos se transforma em oblação,/ o milagre da partilha serve a mesa dos irmãos.

3. No altar da Eucaristia o Senhor vem ensinar,/ que o amor é verdadeiro quando a vida se doar./ Peregrinos, caminheiros,/vamos juntos como irmãos,/ na esperança repartindo a palavra e o mesmo pão.

4. Deus nos fez à sua imagem,/ por amor acreditou./ Deu-nos vida e liberdade, tantos dons nos confiou./ Responsáveis pelo mundo para a vida promover./ Desafios que nos chegam vamos juntos resolver.

20. Viva Cristo na hóstia sagrada
(L.: Pe. João Lírio /
M.: Fr. Paulo A. de Assis)

Viva Cristo na hóstia sagrada,/ Nosso Deus, nosso pão, nossa lei/ entre nós no Brasil,/ pátria amada,/ viva Cristo Jesus, nosso Rei!

1. Brasileiros em preces e cantos,/ vamos todos Jesus aclamar,/ Rei dos homens dos anjos e santos,/ nós te cremos presente no altar!

2. Por nós homens no altar te ofereces/ A Deus Pai como outrora na Cruz./ Também nós nossas almas em prece./ Ofertamos contigo Jesus.

3. No Natal nosso irmão te fizeste./ Por bondade do teu coração,/ mas agora em amor tão celeste queres mais;/ queres ser nosso Pão.

4. Hóstia santa, das almas a chama,/ Sol do mundo, das noites a luz,/ o Brasil genuflexo te aclama:/ Salve Rei, Salve Cristo Jesus!

21. Mãe Aparecida
(L. e M.: José A. Santana)

1. Eu deixei tudo e coloquei o pé na estrada,/ pra visitar a Santa Mãe Aparecida./ Trouxe comigo uma esperança renovada,/ de ser melhor e mais feliz em minha vida.

Eu vim de longe ver a Mãe Aparecida/ Nossa Senhora Imaculada Conceição./ Quero voltar com sua benção Mãe querida,/ levando fé e muita paz no coração.

2. Aqui cheguei no Santuário de Maria e ajoelhado meu pedido vou fazer./ Quero que a Santa veja a minha romaria e me renove à alegria de viver.

3. Eu vou partir deixando longe Aparecida./ terei saudade dessa peregrinação./ Eu vim contente consagrar a minha vida/ e vou levando a paz de Deus no coração.

Texto: Pe. Ferdinando Mancilio, C.Ss.R.
Revisão Teológica: Pe. José Ulysses da Silva, C.Ss.R.
Pe. Domingos Sávio da Silva, C.Ss.R
Pe. Carlos Eduardo Catalfo, C.Ss.R.
Revisão: Ana Lúcia de Castro Leite
Diagramação: Silas Abner de Oliveira
Capa: Núcleo de Criação do Santuário Nacional

ISBN 978-65-5527-004-4
Todos os direitos reservados à **EDITORA SANTUÁRIO** – 2020

Rua Pe. Claro Monteiro, 342 – 12570-000 – Aparecida-SP
Tel.: 12 3104-2000 – Televendas: 0800 - 16 00 04
www.editorasantuario.com.br
vendas@editorasantuario.com.br